Histaminintoleranz und Fodmap Kochbuch

Das große 2-in-1 Kochbuch mit einfachen und leckeren Rezepten für eine histaminarme und FODMAP-arme Ernährung. Genussvoll kochen für mehr Lebensqualität.

Inhalt

Ernährung bei Histaminintoleranz

Vorwort

Liebe Leserin, lieber Leser,

dieses Kochbuch ist dein Wegweiser zu einem Leben voller Genuss und Wohlbefinden, angepasst an die Bedürfnisse und Herausforderungen einer Histaminintoleranz. Geschrieben mit Leidenschaft und einem tiefen Verständnis für die Feinheiten der Ernährung, zielt es darauf ab, dir nicht nur das Kochen zu erleichtern, sondern auch deine Beziehung zum Essen neu zu definieren.

Die Histaminintoleranz kann oft als Einschränkung wahrgenommen werden, eine Hürde, die es schwierig macht, die Freude am Essen vollständig zu genießen. Doch ich sehe es als meine Aufgabe, dir zu zeigen, dass es unzählige Möglichkeiten gibt, lecker und gesund zu kochen, ohne dabei auf Geschmack oder Vielfalt verzichten zu müssen. Mit jedem Rezept in diesem Buch möchte ich dir die Tür zu einer Ernährungsweise öffnen, die ebenso inspirierend wie ausgewogen ist.

Mit jedem Gericht, das du zubereitest, wirst du mehr über die Zutaten, ihre Auswirkungen und die besten Kombinationsmöglichkeiten erfahren. Dieses Wissen wird dir nicht nur in der Küche, sondern auch in deinem alltäglichen Leben eine große Hilfe sein.

Ich wünsche dir viel Erfolg und Freude beim Kochen und Genießen dieser Gerichte. Möge dieses Buch ein wertvoller Begleiter auf deinem Weg zu einem erfüllten Leben mit Histaminintoleranz sein.

Mit herzlichen Grüßen,

Vanessa Zimmermann

Hinweis zu den Rezepten

Du wirst vielleicht bemerkt haben, dass in meinem Kochbuch etwas fehlt, was in vielen anderen Kochbüchern üblich ist: Bilder. Ich habe lange über diese Entscheidung nachgedacht und möchte dir gerne erläutern, warum ich diesen unkonventionellen Weg gewählt habe.

In erster Linie glaube ich fest daran, dass das Kochen eine Kunst ist, und wie bei jeder Kunst, spielen Vorstellungskraft und Kreativität eine entscheidende Rolle. Wenn ich dir genau vorschreibe und zeige, wie ein Gericht aussehen sollte, dann könnte ich ungewollt deine eigene Kreativität und Vorstellungskraft einschränken. Ich möchte, dass du dir beim Lesen meiner Rezepte eigene Bilder in deinem Kopf formst, dass du die Zutaten und das Endprodukt in deiner Vorstellung farbenfroh und lebendig visualisierst.

Dann gibt es da noch einen weiteren, sehr persönlichen Grund. Ich bin der Meinung, dass Bilder oft Erwartungen setzen. Wie oft habe ich schon ein Gericht nach einem Rezept zubereitet und war enttäuscht, weil es nicht genau so aussah wie auf dem Bild? Diesen Druck, ein perfektes, fotogenes Ergebnis zu erzielen, möchte ich dir ersparen. Ich möchte, dass du das Kochen genießt, ohne dich ständig mit einem Bild vergleichen zu müssen. Es geht um den Geschmack, das Erlebnis und das Teilen von Mahlzeiten mit denen, die dir nahe stehen, nicht um die Perfektion eines Fotos.

Ein weiterer Aspekt ist die Einzigartigkeit. Jeder von uns hat einen anderen Geschmack, andere Vorlieben und einen anderen Stil beim Anrichten. Wenn du mein Rezept nimmst und es zu deinem eigenen machst, wird es etwas Einzigartiges sein, etwas, das nur du so kreieren kannst. Und dieser Gedanke erfüllt mich mit Freude.

Schließlich möchte ich, dass mein Kochbuch nicht nur eine Anleitung, sondern auch eine Inspirationsquelle ist. Ich hoffe, dass du die Freiheit, die ich dir durch das Fehlen von Bildern gebe, als eine Einladung siehst, zu experimentieren, zu improvisieren und über den Tellerrand hinauszuschauen.

Frühstücksideen

Apfel-Zimt-Haferflocken

Zubereitungszeit: 15 Minuten
Portionen: 1 Person

Zutaten:

- 1 mittelgroßer Apfel, gewürfelt
- 50 g Haferflocken
- 200 ml Hafermilch, ungesüßt
- 1/2 TL Zimt
- 1 EL Mandeln, gehackt
- 1 TL Honig
- Eine Prise Salz

Zubereitung:

1. Gib die Hafermilch in einen kleinen Topf und erhitze sie bei mittlerer Hitze. Sobald die Milch warm ist, füge die Haferflocken hinzu.

2. Rühre die Haferflocken und die Hafermilch um, bis sie anfangen, leicht zu köcheln. Dann reduziere die Hitze auf ein Minimum.

3. Füge die gewürfelten Äpfel, den Zimt und eine Prise Salz hinzu. Lass die Mischung unter gelegentlichem Rühren für etwa 5-7 Minuten köcheln, bis die Haferflocken weich sind und die Äpfel eine zarte Konsistenz haben.

4. In der Zwischenzeit die Mandeln in einer kleinen Pfanne ohne Öl bei mittlerer Hitze für 2-3 Minuten rösten, bis sie leicht gebräunt sind. Achte darauf, sie häufig zu wenden, damit sie nicht verbrennen.

5. Sobald die Haferflocken die gewünschte Konsistenz erreicht haben, vom Herd nehmen und den Honig unterrühren.

6. Alles in eine Schüssel geben und mit den gerösteten Mandeln bestreuen. Guten Appetit.

Mango-Kokos-Reispudding

Zubereitungszeit: 20 Minuten
Portionen: 1 Person

Zutaten:

- 60 g Rundkornreis, gut gewaschen
- 200 ml Kokosmilch, ungesüßt
- 100 ml Wasser
- 1/2 reife Mango, gewürfelt
- 1 TL Honig
- 1/4 TL Vanille, gemahlen
- 1 EL Kokoschips
- Eine Prise Zimt

Zubereitung:

1. In einem kleinen Topf den gewaschenen Rundkornreis, Kokosmilch und Wasser bei mittlerer Hitze zum Kochen bringen. Sobald es köchelt, die Hitze auf niedrig stellen und den Reis unter gelegentlichem Rühren 15 Minuten lang sanft köcheln lassen, bis er weich ist und die Flüssigkeit größtenteils aufgenommen wurde.

2. Während der Reis kocht, die Mango schälen und in kleine Würfel schneiden.

3. Wenn der Reis die meiste Flüssigkeit aufgenommen hat und weich ist, die Hitze ausschalten. Die Mango, den Honig und die Vanille unterrühren, bis alles gut vermischt ist.

4. Den Pudding in eine Schüssel geben und kurz abkühlen lassen. Vor dem Servieren mit Kokoschips und einer Prise Zimt garnieren. Guten Appetit.

Brombeer-Mandel-Müsli

Zubereitungszeit: 10 Minuten
Portionen: 1 Person

Zutaten:

- 100 g frische Brombeeren
- 50 g Haferflocken
- 20 g Mandeln, grob gehackt
- 1 EL Chiasamen
- 150 ml Mandelmilch, ungesüßt
- 1 TL Honig
- 1 Prise Zimt
- Einige frische Minzblätter

Zubereitung:

1. Die Haferflocken in eine Schüssel geben.

2. Die Mandelmilch darüber gießen und die Chiasamen hinzufügen. Gut umrühren, damit sich die Chiasamen gleichmäßig verteilen und die Mischung etwas andicken kann.

3. Die Brombeeren waschen und vorsichtig trocken tupfen. Zusammen mit den grob gehackten Mandeln unter die Haferflocken-Mischung heben.

4. Nach Belieben mit Honig süßen und eine Prise Zimt hinzufügen. Alles gründlich vermengen.

5. Das Müsli in eine Schale geben und mit frischen Minzblättern garnieren.

6. Vor dem Servieren nochmals kurz durchmischen. Guten Appetit.

Erdmandel-Porridge mit Blaubeeren

Zubereitungszeit: 15 Minuten
Portionen: 1 Person

Zutaten:

- 40 g Erdmandeln, fein gemahlen
- 200 ml Mandelmilch, ungesüßt
- Eine Prise Salz
- 1/2 TL Zimt
- 1 TL Honig
- 50 g frische Blaubeeren
- 1 EL Chiasamen
- Einige frische Minzblätter

Zubereitung:

1. Gib die fein gemahlenen Erdmandeln in einen kleinen Topf. Füge Mandelmilch, eine Prise Salz und Zimt hinzu. Rühre die Mischung bei mittlerer Hitze stetig um, um Klümpchen zu vermeiden.

2. Sobald die Mischung anfängt, leicht zu köcheln, reduziere die Hitze auf niedrig. Lasse den Porridge unter gelegentlichem Rühren etwa 5-7 Minuten sanft köcheln, bis er dickflüssig wird.

3. Rühre den Honig unter den noch warmen Porridge. Sollte der Porridge zu dick sein, kannst du nach Belieben noch etwas Mandelmilch unterrühren, um die gewünschte Konsistenz zu erreichen.

4. Wasche die Blaubeeren und lasse sie abtropfen. Gib die Blaubeeren zusammen mit den Chiasamen über den fertigen Porridge.

5. Garniere dein Porridge zum Schluss mit einigen frischen Minzblättern. Guten Appetit.

Dinkel-Pancakes mit Apfelsauce

Zubereitungszeit: 20 Minuten
Portionen: 1 Person

Zutaten:

- **Für die Pancakes:**
- 100 g Dinkelmehl
- 1 TL Weinsteinbackpulver
- 1 Prise Salz
- 120 ml Hafermilch, ungesüßt
- 1 Eigelb
- 1 EL natives Olivenöl extra
- Rapsöl zum Braten
- **Für die Apfelsauce:**
- 2 Äpfel, geschält und gewürfelt
- 1 TL Zimt
- 1 EL Honig
- 100 ml Wasser

Zubereitung:

1. In einer Schüssel Dinkelmehl, Weinsteinbackpulver und Salz vermischen. In einer anderen Schüssel Hafermilch, Eigelb und Olivenöl verrühren. Die flüssigen Zutaten zu den trockenen geben und zu einem glatten Teig verrühren.

2. Eine Pfanne bei mittlerer Hitze erwärmen und etwas Rapsöl hinzufügen. Für jeden Pancake etwa 1/4 der Teigmischung in die Pfanne geben und von beiden Seiten goldbraun braten. Wiederhole den Vorgang, bis der gesamte Teig aufgebraucht ist.

3. Für die Apfelsauce die Apfelwürfel, Zimt, Honig und Wasser in einen kleinen Topf geben. Bei mittlerer Hitze köcheln lassen, bis die Äpfel weich sind und die Flüssigkeit etwas eingedickt ist. Anschließend mit einem Pürierstab oder einer Gabel zu einer glatten Sauce verarbeiten.

4. Die warmen Pancakes mit der Apfelsauce servieren. Guten Appetit.

Hirsebrei mit Datteln und Mandeln

Zubereitungszeit: 15 Minuten
Portionen: 1 Person

Zutaten:

- 50 g Hirse, gut gespült und abgetropft
- 250 ml Mandelmilch, ungesüßt
- 3 Datteln, entsteint und fein gehackt
- 1 EL Mandeln, gehackt und leicht geröstet
- 1 TL Honig
- Eine Prise Zimt
- Eine Prise gemahlener Kardamom

Zubereitung:

1. Die gewaschene Hirse zusammen mit der Mandelmilch in einen kleinen Topf geben. Unter gelegentlichem Rühren bei mittlerer Hitze zum Kochen bringen.

2. Sobald die Mischung kocht, die Hitze reduzieren und die Hirse 10 Minuten köcheln lassen, bis sie weich wird und die Milch fast vollständig aufgenommen hat. Dabei gelegentlich umrühren, um ein Anbrennen zu verhindern.

3. Die fein gehackten Datteln zur Hirse hinzufügen und gut unterrühren. Weitere 2 Minuten köcheln lassen, bis die Datteln warm und etwas weicher geworden sind.

4. Den Topf vom Herd nehmen und den Hirsebrei mit Honig, Zimt und Kardamom abschmecken. Gut umrühren, bis alle Zutaten gleichmäßig verteilt sind.

5. Den warmen Hirsebrei in eine Schüssel geben und mit den gerösteten Mandeln bestreuen. Guten Appetit.

Quinoa-Frühstücksbowl mit Kirschen

Zubereitungszeit: 15 Minuten
Portionen: 1 Person

Zutaten:

- 70 g Quinoa, gut gespült und abgetropft
- 150 ml Wasser
- 1 Prise Salz
- 100 ml Hafermilch, ungesüßt
- 1/2 TL Zimt
- 1 TL Honig
- 100 g frische Kirschen, entsteint und halbiert
- 2 EL Mandeln, gehackt
- 1 EL Chiasamen

Zubereitung:

1. Quinoa in einem kleinen Topf mit Wasser und einer Prise Salz zum Kochen bringen. Die Hitze reduzieren und etwa 15 Minuten köcheln lassen, bis der Quinoa weich ist und das Wasser vollständig aufgenommen wurde. Gelegentlich umrühren, um ein Anbrennen zu vermeiden.

2. In der Zwischenzeit die Mandeln in einer trockenen Pfanne bei mittlerer Hitze leicht rösten, bis sie duften. Achte darauf, dass sie nicht verbrennen. Dann zur Seite stellen.

3. Wenn der Quinoa fertig ist, Hafermilch und Zimt unterrühren und nochmals erhitzen, bis alles gut erwärmt ist. Den Honig unterrühren und vom Herd nehmen.

4. Die Quinoa-Mischung in eine Schüssel geben. Die frischen Kirschen, gerösteten Mandeln und Chiasamen darüberstreuen.

5. Vor dem Servieren alles leicht miteinander vermischen. Guten Appetit.

Pfirsich-Chia-Pudding

Zubereitungszeit: 15 Minuten
Portionen: 1 Person

Zutaten:

- 1 mittelgroßer Pfirsich, geschält und in Würfel geschnitten
- 2 EL Chiasamen
- 150 ml Mandelmilch, ungesüßt
- 1/4 TL Vanille
- 1 TL Honig
- Ein paar Mandeln, gehackt
- Eine Prise Zimt

Zubereitung:

1. Beginne damit, den Pfirsich zu schälen und in kleine Würfel zu schneiden.

2. In einem mittelgroßen Glas oder Becher die Chiasamen, die Mandelmilch und die Vanille hinzufügen. Gut umrühren, damit sich die Chiasamen gleichmäßig in der Flüssigkeit verteilen und anfangen können, zu quellen.

3. Gib die Pfirsichwürfel in das Glas und rühre erneut gut durch.

4. Lasse den Pudding für etwa 10 Minuten ruhen, damit die Chiasamen aufquellen können und der Pudding die gewünschte Konsistenz erreicht. Wenn du magst, kannst du ihn auch für einige Stunden oder über Nacht im Kühlschrank lassen.

5. Kurz vor dem Servieren den Pudding noch einmal umrühren, mit einem Teelöffel Honig süßen und mit einer Prise Zimt verfeinern.

6. Zum Schluss den Pudding mit gehackten Mandeln garnieren. Guten Appetit.

Haferflocken mit gebackenen Kirschen

Zubereitungszeit: 20 Minuten
Portionen: 1 Person

Zutaten:

- 50 g Haferflocken
- 200 ml Hafermilch, ungesüßt
- 1/2 TL Zimt
- 1 TL Honig
- 100 g Kirschen, entsteint
- 1 EL Mandelsplitter
- 1 Prise Vanille

Zubereitung:

1. Heize den Ofen auf 180 Grad vor. Lege die Kirschen auf ein mit Backpapier ausgelegtes Backblech und bestreue sie mit einem halben Teelöffel Zimt. Backe die Kirschen für etwa 10 Minuten, bis sie weich sind, aber noch ihre Form behalten.

2. Während die Kirschen backen, gib die Hafermilch in einen kleinen Topf und erhitze sie bei mittlerer Hitze. Füge die Haferflocken, den restlichen Zimt und die Vanille hinzu. Lasse die Mischung unter gelegentlichem Rühren etwa 5 bis 7 Minuten köcheln, bis die Haferflocken weich sind und die Mischung eingedickt ist.

3. Sobald die Haferflocken die gewünschte Konsistenz erreicht haben, nimm den Topf vom Herd und rühre den Honig unter. Gib die Haferflocken in eine Schüssel.

4. Nimm die gebackenen Kirschen aus dem Ofen und lass sie kurz abkühlen. Gib die Kirschen über die Haferflocken in der Schüssel.

5. Bestreue das Ganze mit Mandelsplittern als Topping. Guten Appetit.

Amaranth-Brei mit frischen Johannisbeeren

Zubereitungszeit: 15 Minuten
Portionen: 1 Person

Zutaten:

- 50 g Amaranth, gut gespült und abgetropft
- 200 ml Wasser
- 1 Prise Salz
- 100 ml Hafermilch, ungesüßt
- 1 EL Mandelmus
- 1 TL Honig
- 100 g frische Johannisbeeren, gewaschen
- Einige Blätter frische Minze, fein gehackt

Zubereitung:

1. Gib den Amaranth mit dem Wasser und einer Prise Salz in einen kleinen Topf. Lass ihn auf mittlerer Hitze zum Kochen bringen und reduziere dann die Hitze. Lass den Amaranth zugedeckt für etwa 15 Minuten köcheln, bis er weich wird und das Wasser fast vollständig absorbiert ist.

2. Füge die Hafermilch zum gekochten Amaranth hinzu und rühre um. Erhitze die Mischung unter gelegentlichem Rühren für weitere 5 Minuten, bis der Brei eine cremige Konsistenz erreicht hat. Sollte der Brei zu dick sein, kannst du noch etwas Hafermilch hinzufügen, bis die gewünschte Konsistenz erreicht ist.

3. Nimm den Topf vom Herd und rühre das Mandelmus und den Honig unter den warmen Brei. Schmecke ab und füge nach Bedarf noch etwas Honig hinzu.

4. Serviere den Brei in einer Schüssel. Verteile die frischen Johannisbeeren darüber und garniere das Ganze mit den fein gehackten Minzeblättern. Guten Appetit.

Aprikosen-Joghurt mit Tigernüssen

Zubereitungszeit: 10 Minuten
Portionen: 1 Person

Zutaten:

- 150 g frischer Joghurt, ungesüßt
- 2 frische Aprikosen, entkernt und gewürfelt
- 1 EL Tigernüsse, grob gehackt
- 1 TL Honig
- 1 EL Mandeln, gehackt
- Eine Prise Vanille
- Einige frische Minzblätter

Zubereitung:

1. Nimm eine Schüssel und fülle den Joghurt hinein.

2. Verteile die gewürfelten Aprikosen gleichmäßig auf dem Joghurt.

3. Streue die grob gehackten Tigernüsse sowie die gehackten Mandeln über die Aprikosen.

4. Wenn du möchtest, träufle einen Teelöffel Honig über die Mischung für eine natürliche Süße.

5. Danach eine Prise Vanille darübergeben.

6. Zum Schluss garniere den Joghurt mit einigen frischen Minzblättern. Guten Appetit.

Hirsemehl-Waffeln mit Rhabarberkompott

Zubereitungszeit: 30 Minuten
Portionen: 1 Person

Zutaten:

- **Für die Waffeln:**
- 70 g Hirsemehl
- 1 TL Weinsteinbackpulver
- 1 Prise Salz
- 1 TL Vanille
- 1 Bio-Ei, getrennt
- 50 ml Mandelmilch, ungesüßt
- 1 EL natives Olivenöl extra
- **Für das Rhabarberkompott:**
- 100 g Rhabarber, in kleine Stücke geschnitten
- 2 EL Haushaltszucker
- 50 ml Wasser
- 1/2 TL Zimt

Zubereitung:

1. Beginne mit dem Rhabarberkompott. Gib den geschnittenen Rhabarber, Zucker, Wasser und Zimt in einen kleinen Topf. Lass alles bei mittlerer Hitze etwa 10-15 Minuten köcheln, bis der Rhabarber weich ist und eine kompottartige Konsistenz annimmt. Rühre gelegentlich um. Stelle das Kompott beiseite und lass es abkühlen.

2. Für die Waffeln vermische in einer Schüssel das Hirsemehl, Weinsteinbackpulver, Salz und Vanille In einer anderen Schüssel schlage das Eiweiß, bis es steif ist.

3. Vermenge in einer dritten Schüssel das Eigelb mit der Mandelmilch und dem Olivenöl. Gib dann die trockenen Zutaten dazu und rühre alles zu einem glatten Teig.

4. Hebe vorsichtig das geschlagene Eiweiß unter den Teig, bis eine homogene Masse entsteht.

5. Heize dein Waffeleisen vor und pinsle es mit etwas Olivenöl ein. Gib etwa die Hälfte des Teiges in das Waffeleisen und backe die Waffel, bis sie goldbraun und knusprig ist. Wiederhole den Vorgang mit dem restlichen Teig.

6. Serviere die Waffeln mit dem Rhabarberkompott. Guten Appetit.

Kokosmilch-Porridge mit Litschi

Zubereitungszeit: 15 Minuten
Portionen: 1 Person

Zutaten:

- 50 g Haferflocken
- 200 ml Kokosmilch, ungesüßt
- 100 ml Wasser
- 1 TL Honig
- 4 frische Litschis, geschält und entkernt
- 1 EL Mandeln, gehackt
- 1 Prise Zimt

Zubereitung:

1. Gib die Haferflocken, Kokosmilch und das Wasser in einen kleinen Topf. Koche diese Mischung auf mittlerer Hitze, bis der Porridge zu köcheln beginnt. Rühre dabei regelmäßig um, damit nichts am Boden anbrennt.

2. Sobald der Porridge zu verdicken beginnt, reduziere die Hitze auf niedrig und lass ihn unter gelegentlichem Rühren für etwa 5 Minuten weiter köcheln. Achte darauf, dass der Porridge cremig wird, ohne zu fest zu sein. Sollte er zu dick werden, kannst du noch etwas Wasser oder Kokosmilch hinzufügen.

3. Während der Porridge köchelt, schneide die Litschis in kleine Stücke. Gib sie dann in den Porridge und rühre vorsichtig um.

4. Nimm den Topf vom Herd und gib den Honig sowie eine Prise Zimt dazu. Vermische alles gut miteinander.

5. Serviere den Porridge in einer Schüssel und bestreue ihn mit den gehackten Mandeln. Guten Appetit.

Dinkel-Brot mit Frischkäse und Marmelade

Zubereitungszeit: 20 Minuten
Portionen: 1 Person

Zutaten:

- 2 Scheiben Dinkelbrot
- 2 EL Frischkäse
- 1 EL Hagebuttenmarmelade
- 1/2 Apfel, in dünne Scheiben geschnitten
- 1 EL gehackte Mandeln
- Eine Prise Zimt
- Einige frische Minzblätter

Zubereitung:

1. Toaste die Dinkelbrotscheiben leicht in einem Toaster oder in einer heißen Pfanne, bis sie knusprig sind, aber achte darauf, dass sie nicht verbrennen.

2. Verteile den Frischkäse gleichmäßig auf beiden Scheiben des getoasteten Dinkelbrots.

3. Auf eine Scheibe des Brots mit Frischkäse trägst du sorgfältig die Hagebuttenmarmelade auf.

4. Lege die dünn geschnittenen Apfelscheiben auf die andere Scheibe Brot mit Frischkäse.

5. Bestreue das Brot mit den Apfelscheiben mit den gehackten Mandeln und einer Prise Zimt.

6. Lege die Scheibe mit der Hagebuttenmarmelade vorsichtig auf die andere Scheibe, sodass die Füllungen in der Mitte sind.

7. Garniere dein Sandwich mit ein paar frischen Minzblättern. Guten Appetit.

Reismilch-Smoothie mit Heidelbeeren

Zubereitungszeit: 5 Minuten
Portionen: 1 Person

Zutaten:

- 150 ml Reismilch, ungesüßt
- 100 g Heidelbeeren, frisch oder gefroren
- 1 EL Chiasamen
- 1/2 Apfel, geschält und grob gewürfelt
- 1 TL Honig
- Eine Prise Vanille
- Eiswürfel nach Bedarf

Zubereitung:

1. Gib die Reismilch in den Mixer.
2. Füge die Heidelbeeren, Chiasamen, und Apfelwürfel hinzu.
3. Süße den Smoothie mit einem Teelöffel Honig und gib eine Prise Vanille dazu.
4. Falls du deinen Smoothie gerne eiskalt genießt, kannst du ein paar Eiswürfel hinzufügen.
5. Mixe alle Zutaten auf höchster Stufe, bis der Smoothie cremig ist.
6. Schmecke abschließend noch einmal ab, ob die Süße für dich passt. Falls nicht, kannst du nach Belieben noch etwas Honig hinzufügen.
7. Gieße den Smoothie in ein Glas und genieße ihn. Guten Appetit.

Hauptgerichte

Gebackener Kabeljau mit Fenchelgemüse

Zubereitungszeit: 30 Minuten
Portionen: 1 Person

Zutaten:

- 150 g Kabeljaufilet
- 1 kleiner Fenchel
- 1 Karotte
- 2 EL natives Olivenöl extra
- Salz
- Weißer Pfeffer
- 1/2 TL Kümmel
- 2 EL Verjus
- 50 ml Gemüsebrühe, hefefrei und ohne Geschmacksverstärker
- 1 TL Dinkelmehl
- 1 EL gehackte Petersilie
- 1 EL Kokosmilch, ungesüßt

Zubereitung:

1. Heize den Ofen auf 180 Grad vor. Wasche das Kabeljaufilet und tupfe es trocken. Würze es mit Salz und weißem Pfeffer und lege es in eine mit Olivenöl gefettete Auflaufform.

2. Den Fenchel und die Karotte waschen, putzen und in dünne Scheiben schneiden. Verteile das Gemüse rund um den Fisch in der Auflaufform. Beträufle das Gemüse mit einem EL Olivenöl, salze es leicht und bestreue es mit Kümmel.

3. In einer kleinen Schüssel den Verjus mit der Gemüsebrühe und dem Dinkelmehl verrühren, bis keine Klümpchen mehr vorhanden sind. Gieße diese Mischung über den Fisch und das Gemüse in der Auflaufform.

4. Bedecke die Auflaufform mit Aluminiumfolie und backe alles für etwa 20 Minuten, bis der Fisch durchgegart und das Gemüse weich ist.

5. In der Zwischenzeit die Petersilie waschen, trocken schütteln und fein hacken. Mische die gehackte Petersilie mit der Kokosmilch und einem TL Olivenöl. Diese Sauce leicht salzen und pfeffern.

6. Den gebackenen Kabeljau und das Fenchelgemüse auf einen Teller geben. Die Kokosmilch-Petersilien-Sauce über den Fisch träufeln. Guten Appetit.

Dinkelrisotto mit frischen Champignons

Zubereitungszeit: 30 Minuten
Portionen: 1 Person

Zutaten:

- 100 g Dinkelreis
- 250 ml Gemüsebrühe, hefefrei und ohne Geschmacksverstärker
- 1 EL natives Olivenöl extra
- 1 kleine Zwiebel, gewürfelt
- 150 g frische Champignons, in Scheiben geschnitten
- 1 kleine Knoblauchzehe, fein gehackt
- 50 ml Weißwein (optional, nur wenn verträglich)
- 2 EL Hüttenkäse
- Salz und weißer Pfeffer
- Einige Blätter frischer Petersilie, fein gehackt

Zubereitung:

1. Erhitze das Olivenöl in einem mittelgroßen Topf bei mittlerer Hitze. Füge die gewürfelte Zwiebel hinzu und brate sie, bis sie weich wird, aber nicht bräunt, etwa 2-3 Minuten. Füge den Knoblauch hinzu und brate ihn eine Minute mit.

2. Gib den Dinkelreis in den Topf und röste ihn unter Rühren leicht an, bis er glasig wird, etwa 2 Minuten.

3. Wenn du Weißwein verwendest, gieße ihn jetzt hinzu und lasse ihn unter Rühren vollständig absorbieren.

4. Beginne nun, schrittweise die Gemüsebrühe hinzuzufügen, jeweils so viel, dass der Reis bedeckt ist. Rühre kontinuierlich, bis die Flüssigkeit fast vollständig aufgenommen ist, bevor du mehr Brühe hinzufügst. Wiederhole diesen Vorgang, bis der Dinkelreis weich, aber noch bissfest ist, etwa 20-25 Minuten.

5. Während der Reis köchelt, erhitze in einer separaten Pfanne etwas Olivenöl über mittlerer Hitze. Füge die Champignons hinzu und brate sie, bis sie goldbraun sind und ihre Flüssigkeit verdampft ist, etwa 5-7 Minuten. Würze sie mit Salz und Pfeffer.

6. Wenn der Reis die gewünschte Konsistenz erreicht hat, rühre die Champignons und den Hüttenkäse unter. Prüfe das Gericht auf seine Würze und passe sie gegebenenfalls mit Salz und weißem Pfeffer an.

7. Gib das Risotto in einen tiefen Teller und bestreue es mit der Petersilie. Guten Appetit.

Gefüllte Paprikaschoten mit Quinoa

Zubereitungszeit: 30 Minuten
Portionen: 1 Person

Zutaten:

- 1 große rote Paprikaschote, halbiert und entkernt
- 50 g Quinoa, gut gespült und abgetropft
- 100 ml Gemüsebrühe, hefefrei und ohne Geschmacksverstärker
- 1 kleine Karotte, gewürfelt
- 1/4 Zucchini, gewürfelt
- 2 EL natives Olivenöl extra
- 1/4 TL Kurkuma
- 1/4 TL gemahlener Koriander
- Salz, nach Geschmack
- Frischer Petersilie, gehackt
- 1 EL Kürbiskerne

Zubereitung:

1. Den Ofen auf 180 Grad vorheizen. Die Paprikahälften mit einem EL Olivenöl einreiben und auf ein mit Backpapier belegtes Backblech legen. Im vorgeheizten Ofen etwa 15 Minuten backen, bis sie leicht weich sind.

2. In der Zwischenzeit in einem kleinen Topf die Gemüsebrühe zum Kochen bringen. Quinoa hinzufügen, Kurkuma und gemahlenen Koriander einrühren und auf niedriger Hitze etwa 15 Minuten köcheln lassen, bis die Quinoa weich ist und die Flüssigkeit vollständig aufgenommen wurde.

3. Während die Quinoa kocht, in einer Pfanne das restliche Olivenöl erhitzen. Karotten und Zucchini hinzufügen und bei mittlerer Hitze etwa 5 Minuten dünsten, bis das Gemüse weich, aber noch bissfest ist. Mit Salz abschmecken.

4. Die gekochte Quinoa mit dem gedünsteten Gemüse mischen. Die Mischung gleichmäßig in die vorgebackenen Paprikahälften füllen.

5. Die gefüllten Paprikaschoten zurück in den Ofen geben und weitere 10 Minuten backen, bis die Füllung heiß ist und die Paprikaschoten weich sind.

6. Vor dem Servieren mit Petersilie und Kürbiskernen garnieren. Guten Appetit.

Vegetarische Zucchini-Lasagne

Zubereitungszeit: 45 Minuten
Portionen: 1 Person

Zutaten:

- 1 mittelgroße Zucchini, in dünne Scheiben geschnitten
- 100 g Brokkoli, in kleine Röschen geschnitten
- 1 mittelgroße Möhre, geraspelt
- 1 kleine Zwiebel, fein gehackt
- 2 kleine Knoblauchzehen, fein gehackt
- 100 ml Hafermilch, ungesüßt
- 50 g Ricotta
- 30 g junger Gouda, gerieben
- 1 TL natives Olivenöl extra
- 1 TL Dinkelmehl
- Eine Prise Muskat
- Salz und weißer Pfeffer
- 1 TL frischer Basilikum, gehackt

Zubereitung:

1. Heize den Ofen auf 180 Grad vor.

2. Erhitze das Olivenöl in einer Pfanne und dünste Zwiebel und Knoblauch darin glasig. Füge die geraspelte Möhre hinzu und lass sie ein paar Minuten mitdünsten.

3. Gib die Brokkoliröschen dazu und dünste sie, bis sie weich, aber noch bissfest sind. Mit Salz und weißem Pfeffer abschmecken. Nimm die Pfanne vom Herd und stelle sie beiseite.

4. In einem kleinen Topf bereite eine leichte Bechamelsauce zu. Erhitze dafür etwas Olivenöl, rühre das Dinkelmehl ein, bis es vollständig aufgenommen ist, und gieße dann langsam die Hafermilch ein. Ständig rühren, bis die Sauce eindickt. Mit Muskat, Salz und weißem Pfeffer würzen.

5. Beginne mit dem Schichten der Lasagne in einer kleinen Auflaufform. Starte mit einer Schicht Zucchinischeiben, gefolgt von einer Schicht des Brokkoli-Möhren-Gemischs, ein paar Klecksen Ricotta und etwas Bechamelsauce. Wiederhole die Schichten, bis alle Zutaten aufgebraucht sind, wobei die letzte Schicht eine Zucchinischicht sein sollte.

6. Streue den geriebenen Gouda über die oberste Schicht und backe die Lasagne für etwa 25 Minuten, bis sie goldbraun ist.

7. Lass die Lasagne vor dem Servieren ein paar Minuten abkühlen und bestreue sie mit Basilikum. Guten Appetit.

Kürbis-Quiche mit Ziegenkäse

Zubereitungszeit: 45 Minuten
Portionen: 1 Person

Zutaten:

- 150 g Hokkaido-Kürbis, gewürfelt
- 1 EL natives Olivenöl extra
- 50 g Dinkelmehl
- 25 ml Wasser
- 25 g kalte Butter, gewürfelt
- 1 Bio-Ei, verquirlt
- 30 g Ziegenfrischkäse
- 1 Prise Salz
- 1 Prise Muskat
- 1 Prise schwarzer Pfeffer
- 2 EL gehackte Petersilie

Zubereitung:

1. Den Ofen auf 180 Grad vorheizen. Die Kürbiswürfel mit Olivenöl und einer Prise Salz auf einem Backblech verteilen und für 15 Minuten rösten, bis sie weich sind.

2. Währenddessen für den Teig Dinkelmehl, Wasser, Butter und eine Prise Salz in einer Schüssel zu einem glatten Teig verkneten. Eine kleine Quicheform (etwa 15 cm Durchmesser) mit dem Teig auskleiden, dabei einen Rand formen.

3. Den vorgebackenen Kürbis aus dem Ofen nehmen und gleichmäßig auf dem Teigboden verteilen. Den Ziegenfrischkäse in kleinen Stücken daraufsetzen.

4. Das Ei verquirlen, mit Salz, Pfeffer und Muskat würzen und über den Kürbis und Ziegenkäse gießen. Die gehackte Petersilie darüberstreuen.

5. Die Quiche im Ofen bei 180 Grad für etwa 20 Minuten backen, bis die Eimasse gestockt und die Oberfläche goldbraun ist.

6. Vor dem Servieren kurz abkühlen lassen. Guten Appetit.

Süßkartoffelgnocchi mit Salbeibutter

Zubereitungszeit: 45 Minuten
Portionen: 1 Person

Zutaten:

- 200 g Süßkartoffeln, geschält und gewürfelt
- 70 g Dinkelmehl, plus etwas mehr zum Bestäuben
- 1 Eigelb
- 1/4 TL Salz
- 1 Prise Muskat
- 2 EL frische Salbeiblätter, fein gehackt
- 2 EL Butter
- Frisch gemahlener schwarzer Pfeffer, nach Geschmack

Zubereitung:

1. Die Süßkartoffeln in einem Topf mit Wasser zum Kochen bringen und für etwa 15-20 Minuten weich kochen. Anschließend abgießen und gut ausdampfen lassen, damit sie möglichst trocken sind.

2. Die gekochten Süßkartoffeln in eine große Schüssel geben und mit einer Gabel fein zerdrücken. Das Eigelb, Dinkelmehl, Salz und Muskat hinzufügen. Alles zu einem glatten Teig verkneten. Falls der Teig zu klebrig ist, etwas mehr Mehl einarbeiten.

3. Den Teig auf einer leicht bemehlten Arbeitsfläche zu einer Rolle formen und in kleine Stücke schneiden. Die Stücke zu Gnocchi formen und mit einer Gabel leicht eindrücken, um das typische Muster zu erzeugen.

4. In einem großen Topf Salzwasser zum Kochen bringen und die Gnocchi portionsweise kochen, bis sie an die Oberfläche steigen. Mit einer Schaumkelle herausnehmen und abtropfen lassen.

5. In einer Pfanne die Butter auf mittlerer Hitze schmelzen lassen. Die Salbeiblätter hinzufügen und kurz anbraten, bis die Butter leicht nussig duftet.

6. Die gekochten Gnocchi in die Pfanne geben und in der Salbeibutter schwenken, bis sie leicht goldbraun sind. Mit schwarzen Pfeffer bestreuen und servieren. Guten Appetit.

Spaghetti aus Zucchini mit frischem Basilikum

Zubereitungszeit: 20 Minuten
Portionen: 1 Person

Zutaten:

- 1 große Zucchini, in Spaghetti-Form geschnitten
- 2 EL natives Olivenöl extra
- 1 kleine Knoblauchzehe, fein gehackt
- 1 Handvoll frischer Basilikum, grob gehackt
- 30 g frischer Mozzarella, gewürfelt
- Salz, nach Geschmack
- Schwarzer Pfeffer, frisch gemahlen, nach Geschmack
- 1 EL geröstete Pinienkerne

Zubereitung:

1. Erhitze das Olivenöl in einer Pfanne über mittlerer Hitze. Füge den gehackten Knoblauch hinzu und brate ihn leicht an, bis er duftet, aber nicht bräunt.

2. Gib die Zucchini-Spaghetti in die Pfanne und brate sie 3-4 Minuten an, bis sie weich, aber noch bissfest sind. Während der Zubereitung gelegentlich umrühren.

3. Würze die Zucchini-Spaghetti mit Salz und schwarzem Pfeffer. Gib den Basilikum hinzu und rühre um, sodass er sich gleichmäßig verteilt.

4. Verteile die Spaghetti auf einem Teller. Bestreue sie mit dem gewürfelten Mozzarella und den gerösteten Pinienkernen.

5. Lass den Mozzarella durch die Wärme der Spaghetti leicht schmelzen, bevor du das Gericht servierst. Guten Appetit.

Auberginen-Röllchen

Zubereitungszeit: 35 Minuten
Portionen: 1 Person

Zutaten:

- 1 mittelgroße Aubergine, in lange, dünne Scheiben geschnitten
- 100 g Ricotta
- 50 g frischer Mangold, grob gehackt
- 1 EL natives Olivenöl extra
- 1 kleine Zwiebel, fein gewürfelt
- 1 kleine Knoblauchzehe, fein gehackt
- Salz und frisch gemahlener schwarzer Pfeffer, nach Geschmack
- 1 TL frischer Thymian, fein gehackt
- 50 ml frische Milch
- 2 EL Ziegenkäse, gerieben
- 1 TL Dinkelvollkornmehl

Zubereitung:

1. Heize den Ofen auf 180 Grad vor. Bestreiche die Auberginenscheiben auf beiden Seiten leicht mit Olivenöl und würze sie mit Salz und Pfeffer. Lege sie auf ein mit Backpapier ausgelegtes Backblech und backe sie etwa 10-15 Minuten, bis sie weich und leicht gebräunt sind.

2. Währenddessen erhitze in einer Pfanne das restliche Olivenöl bei mittlerer Hitze. Füge die Zwiebel und den Knoblauch hinzu und brate sie, bis sie weich sind. Gib den Mangold dazu und dünste ihn, bis er zusammenfällt. Würze die Mischung mit Salz, Pfeffer und Thymian.

3. In einer kleinen Schüssel vermische den Ricotta mit der Milch und dem Dinkelvollkornmehl, bis eine geschmeidige Masse entsteht. Rühre die Mangoldmischung unter und schmecke nochmals mit Salz und Pfeffer ab.

4. Nimm die Auberginenscheiben aus dem Ofen und lass sie kurz abkühlen. Verteile die Ricotta-Mangold-Füllung auf den Auberginenscheiben und rolle sie vorsichtig auf.

5. Lege die Röllchen mit der Nahtseite nach unten in eine Auflaufform. Bestreue sie mit dem Ziegenkäse und backe sie weitere 10 Minuten, bis der Käse schmilzt und goldbraun wird.

6. Serviere die Röllchen heiß. Guten Appetit.

Hirsepfanne

Zubereitungszeit: 25 Minuten
Portionen: 1 Person

Zutaten:

- 70 g Hirse, gut gespült und abgetropft
- 200 ml Wasser
- 1 EL natives Olivenöl extra
- 1 kleine Zwiebel, gewürfelt
- 1 kleine Karotte, in dünne Scheiben geschnitten
- 50 g Zucchini, gewürfelt
- 50 g Rote Beete, gewürfelt
- 1 EL frische Petersilie, fein gehackt
- 1 EL frischer Basilikum, fein gehackt
- Salz und frisch gemahlener schwarzer Pfeffer nach Geschmack
- 1 Prise Kurkuma
- 1 Prise Muskat
- 100 ml Kokosmilch, ungesüßt
- 1 EL Kürbiskerne

Zubereitung:

1. Hirse unter fließendem Wasser abspülen, bis das Wasser klar bleibt. Zusammen mit 200 ml Wasser in einen Topf geben, zum Kochen bringen und dann bei niedriger Hitze 10 Minuten köcheln lassen. Vom Herd nehmen und 5 Minuten quellen lassen.

2. Während die Hirse kocht, erhitzt du das Olivenöl in einer Pfanne auf mittlerer Stufe. Füge die Zwiebelwürfel hinzu und brate sie, bis sie glasig sind. Dann Karottenscheiben, Zucchini- und Rote Beete-Würfel dazugeben und etwa 5 Minuten anbraten, bis das Gemüse weich, aber noch bissfest ist.

3. Die gekochte Hirse zum Gemüse in die Pfanne geben. Kurkuma und Muskat hinzufügen. Alles gut umrühren.

4. Die Kokosmilch einrühren und die gesamte Mischung nochmals 2-3 Minuten köcheln lassen, bis sie leicht eindickt.

5. Frische Petersilie und Basilikum unterrühren und mit Salz sowie Pfeffer abschmecken.

6. Vor dem Servieren mit Kürbiskernen bestreuen. Guten Appetit.

Kartoffelgratin mit Rosmarin

Zubereitungszeit: 45 Minuten
Portionen: 1 Person

Zutaten:

- 200 g Kartoffeln, in dünnen Scheiben
- 1 Zweig frischer Rosmarin, fein gehackt
- 1 kleine Knoblauchzehe, fein gehackt
- 50 ml Sahne
- 30 g junger Gouda, gerieben
- 1 EL natives Olivenöl extra
- Salz, nach Geschmack
- Schwarzer Pfeffer, frisch gemahlen, nach Geschmack

Zubereitung:

1. Heize den Backofen auf 180 Grad vor. Nimm eine kleine Auflaufform und pinsle sie mit dem Olivenöl aus.

2. In einer Schüssel mische die Kartoffelscheiben mit dem gehackten Rosmarin, Knoblauch, Salz und Pfeffer. Stelle sicher, dass die Kartoffelscheiben gleichmäßig mit den Gewürzen bedeckt sind.

3. Schichte die gewürzten Kartoffelscheiben dachziegelartig in der vorbereiteten Auflaufform. Drücke sie leicht an.

4. Gieße die Sahne gleichmäßig über die Kartoffelschichten. Achte darauf, dass die Sahne sich gut verteilt und die Kartoffeln leicht bedeckt sind.

5. Streue den geriebenen Gouda über die oberste Schicht, sodass die Kartoffeln vollständig bedeckt sind.

6. Backe das Gratin im vorgeheizten Backofen für ca. 30-35 Minuten oder bis die Kartoffeln weich und die Oberfläche goldbraun und knusprig ist.

7. Lass das Gratin für ein paar Minuten abkühlen, bevor du es servierst. Guten Appetit.

Gebratener Spargel mit Ricotta

Zubereitungszeit: 20 Minuten
Portionen: 1 Person

Zutaten:

- 150 g grüner Spargel, Enden abgeschnitten
- 1 EL natives Olivenöl extra
- Salz und frisch gemahlener weißer Pfeffer
- 80 g Ricotta
- 1 TL frisch gehackte Petersilie
- 1 TL frisch gehackte Basilikumblätter
- 1 EL geröstete Pinienkerne
- 2 EL Quinoa, gründlich gespült
- 50 ml Wasser
- 1 TL natives Olivenöl extra (zusätzlich für Quinoa)
- Ein paar Blätter frischer Spinat, als Beilage

Zubereitung:

1. Beginne mit dem Quinoa. Gib den gründlich gespülten Quinoa in einen kleinen Topf zusammen mit 50 ml Wasser und 1 TL Olivenöl. Bring das Ganze zum Kochen, reduziere dann die Hitze und lass es etwa 15 Minuten köcheln, bis der Quinoa das Wasser aufgenommen hat und weich ist. Nimm den Topf vom Herd und lass den Quinoa kurz abkühlen.

2. Während der Quinoa kocht, erhitze 1 EL Olivenöl in einer Pfanne über mittlerer Hitze. Gib den grünen Spargel hinzu und brate ihn 5-7 Minuten, bis er zart und leicht gebräunt ist. Würze den Spargel mit Salz und frisch gemahlenem weißen Pfeffer.

3. In einer kleinen Schüssel vermische den Ricotta mit der gehackten Petersilie und dem Basilikum. Schmecke die Mischung mit einer Prise Salz und Pfeffer ab.

4. Lege den gebratenen Spargel auf einen Teller. Verteile den Ricotta gleichmäßig über den Spargel. Bestreue das Ganze mit den gerösteten Pinienkernen.

5. Serviere den gebratenen Spargel mit Ricotta auf einem Bett aus Quinoa. Guten Appetit.

Blumenkohlreis mit Kurkuma

Zubereitungszeit: 20 Minuten
Portionen: 1 Person

Zutaten:

- 200 g Blumenkohl, in Röschen geschnitten
- 1/2 TL Kurkuma
- 1 EL natives Olivenöl extra
- 1 kleine Zwiebel, fein gewürfelt
- 50 ml Gemüsebrühe, hefefrei und ohne Geschmacksverstärker
- 1 kleine Karotte, geschält und in kleine Würfel geschnitten
- 30 g Erbsen (frisch oder gefroren, falls verträglich)
- 1 EL Petersilie, fein gehackt
- Salz und schwarzer Pfeffer nach Geschmack

Zubereitung:

1. Den Blumenkohl in einem Food Processor oder mit einer Küchenreibe zu „Reis" verarbeiten. Achte darauf, dass der Blumenkohl nicht zu fein wird.

2. Erhitze das Olivenöl in einer Pfanne bei mittlerer Hitze. Füge die Zwiebelwürfel hinzu und brate sie, bis sie glasig sind.

3. Gib nun die Karottenwürfel dazu und brate sie 2-3 Minuten mit, bis sie etwas weicher geworden sind.

4. Streue den Kurkuma über das Gemüse und rühre um, damit sich die Farbe gleichmäßig verteilt.

5. Füge den Blumenkohlreis hinzu und brate alles gemeinsam für etwa 5 Minuten, bis der Blumenkohlreis die Aromen aufgenommen hat und leicht knusprig wird.

6. Gieße die Gemüsebrühe hinzu und lasse alles für weitere 5 Minuten köcheln, bis die Flüssigkeit fast vollständig absorbiert ist.

7. Zum Schluss die Erbsen hinzufügen und alles gut erhitzen. Mit Salz und schwarzem Pfeffer abschmecken.

8. Vom Herd nehmen und die Petersilie unterrühren. Guten Appetit.

Gegrillte Zucchini mit Oregano

Zubereitungszeit: 25 Minuten
Portionen: 1 Person

Zutaten:

- 1 mittelgroße Zucchini, in 1 cm dicke Scheiben geschnitten
- 2 EL natives Olivenöl extra
- 1 TL frischer Oregano, fein gehackt
- 1/4 TL Salz
- 1/4 TL frisch gemahlener schwarzer Pfeffer
- 50 g fettarmer Quark
- 1 TL Dill, frisch und fein gehackt
- 1 kleine Knoblauchzehe, fein gehackt
- 2 EL Wasser

Zubereitung:

1. Heize deinen Grill oder eine Grillpfanne auf mittlere bis hohe Temperatur vor.

2. In einer kleinen Schüssel mische das Olivenöl mit dem gehackten Oregano, Salz und Pfeffer. Lege die Zucchinischeiben in eine flache Schale und bestreiche sie beidseitig mit der Olivenölmischung.

3. Lege die Zucchinischeiben auf den Grill oder in die Grillpfanne. Lasse sie für etwa 3-4 Minuten auf jeder Seite grillen, bis sie Grillstreifen haben und weich sind.

4. Während die Zucchini grillt, vermische in einer anderen kleinen Schüssel den Quark, Dill, gehackten Knoblauch und Wasser, um eine cremige Sauce zu erstellen. Rühre alles gut um, bis es eine gleichmäßige Konsistenz hat.

5. Sobald die Zucchini gegrillt sind, lege sie auf einen Teller. Gib einen Löffel der Quark-Dill-Sauce darüber und genieße dein Gericht sofort. Guten Appetit.

Wirsinggemüse mit Karotten und Ingwer

Zubereitungszeit: 25 Minuten
Portionen: 1 Person

Zutaten:

- 150 g Wirsing, in Streifen geschnitten
- 100 g Karotten, in dünne Scheiben geschnitten
- 10 g frischer Ingwer, fein gehackt
- 1 EL natives Olivenöl extra
- 100 ml Gemüsebrühe, hefefrei und ohne Geschmacksverstärker
- Salz nach Geschmack
- 1 Prise schwarzer Pfeffer
- 1 EL frische Petersilie, gehackt

Zubereitung:

1. Erhitze das Olivenöl in einer Pfanne auf mittlerer Stufe. Gib die Karottenscheiben hinzu und dünste sie für etwa 5 Minuten, bis sie leicht weich werden.

2. Füge den fein gehackten Ingwer hinzu und brate ihn für 1 Minute mit.

3. Jetzt den Wirsing dazugeben und alles gut umrühren. Lass den Wirsing für etwa 2 Minuten mitdünsten, damit er seine Farbe behält und leicht zusammenfällt.

4. Gieße die Gemüsebrühe über das Gemüse in der Pfanne. Reduziere die Hitze, decke die Pfanne ab und lasse alles für etwa 10 Minuten köcheln, bis der Wirsing weich ist, aber noch Biss hat.

5. Mit Salz und schwarzem Pfeffer abschmecken. Rühre die gehackte Petersilie unter das Gemüse.

6. Serviere das Wirsinggemüse heiß. Guten Appetit.

Quinoa-Pfanne mit Gemüse und Kräutern

Zubereitungszeit: 25 Minuten
Portionen: 1 Person

Zutaten:

- 50 g Quinoa, gut gespült und abgetropft
- 100 ml Gemüsebrühe, hefefrei und ohne Geschmacksverstärker
- 1 EL natives Olivenöl extra
- 1 kleine Zwiebel, gewürfelt
- 1 kleine Karotte, in dünne Scheiben geschnitten
- 1/4 rote Paprika, in Streifen geschnitten
- 1/4 gelbe Paprika, in Streifen geschnitten
- 1 Handvoll Zuckerschoten, geputzt und halbiert
- Salz und schwarzer Pfeffer nach Geschmack
- 1 TL frischer Thymian, gehackt
- 1 TL Petersilie, gehackt

Zubereitung:

1. In einem kleinen Topf die Gemüsebrühe zum Kochen bringen. Quinoa hinzufügen, die Hitze reduzieren und zugedeckt etwa 15 Minuten köcheln lassen, bis der Quinoa die Flüssigkeit aufgenommen hat und weich ist. Beiseite stellen.

2. Während der Quinoa kocht, erhitzt du das Olivenöl in einer Pfanne bei mittlerer Hitze. Füge die Zwiebelwürfel hinzu und brate sie für 2 Minuten, bis sie weich werden.

3. Karottenscheiben zur Pfanne hinzufügen und etwa 5 Minuten mitbraten, bis die Karotten leicht weich werden.

4. Rote und gelbe Paprikastreifen sowie die Zuckerschoten in die Pfanne geben und weitere 3 Minuten braten, bis das Gemüse bissfest ist.

5. Den gegarten Quinoa zum Gemüse in die Pfanne geben. Alles gut umrühren und für ein paar Minuten zusammen erwärmen.

6. Mit Salz, schwarzem Pfeffer, Thymian und Petersilie würzen. Gut vermischen und vom Herd nehmen.

7. Auf einem Teller anrichten und servieren. Guten Appetit.

Suppen

Kürbiscremesuppe mit Kokosmilch

Zubereitungszeit: 30 Minuten
Portionen: 1 Person

Zutaten:

- 200 g Hokkaido-Kürbis, gewürfelt
- 1 kleine Karotte, gewürfelt
- 1/4 Zwiebel, fein gehackt
- 200 ml Kokosmilch, ungesüßt
- 250 ml Gemüsebrühe, hefefrei und ohne Geschmacksverstärker
- 1 TL natives Olivenöl extra
- 1/4 TL Kurkuma
- 1/4 TL Ingwer, frisch gerieben
- Salz nach Geschmack
- Schwarzer Pfeffer nach Geschmack
- Einige frische Petersilienblätter

Zubereitung:

1. In einem mittelgroßen Topf das Olivenöl bei mittlerer Hitze erhitzen. Die Zwiebel darin für etwa 2-3 Minuten anschwitzen, bis sie glasig wird.

2. Kürbis und Karotte hinzufügen und für weitere 5 Minuten mitdünsten, dabei gelegentlich umrühren.

3. Kurkuma und Ingwer einrühren und kurz mit den Gemüsen sautieren.

4. Mit der Gemüsebrühe ablöschen und zum Kochen bringen. Die Hitze reduzieren und die Suppe etwa 15 Minuten köcheln lassen, bis der Kürbis und die Karotten weich sind.

5. Vom Herd nehmen und die Kokosmilch einrühren. Mit einem Stabmixer oder in einem Standmixer die Suppe pürieren, bis sie eine glatte Konsistenz hat. Zurück in den Topf geben und auf niedriger Hitze erwärmen.

6. Mit Salz und schwarzem Pfeffer abschmecken.

7. In eine Schüssel geben und mit Petersilie garnieren. Guten Appetit.

Kartoffel-Lauch-Suppe mit Majoran

Zubereitungszeit: 30 Minuten
Portionen: 1 Person

Zutaten:

- 150 g Kartoffeln, gewürfelt
- 100 g Lauch, in Ringe geschnitten
- 1 EL natives Olivenöl extra
- 500 ml Gemüsebrühe, hefefrei und ohne Geschmacksverstärker
- 1 TL Majoran, getrocknet
- Salz nach Geschmack
- Weißer Pfeffer nach Geschmack
- 1 EL frische Petersilie, fein gehackt
- 30 ml Sahne

Zubereitung:

1. Erhitze das Olivenöl in einem Topf bei mittlerer Hitze. Gib den geschnittenen Lauch hinzu und dünste ihn für etwa 5 Minuten, bis er weich, aber nicht braun ist.

2. Füge die Kartoffelwürfel hinzu und röste sie kurz mit, sodass sie rundum von dem Olivenöl bedeckt sind.

3. Gieße die Gemüsebrühe darüber und bringe alles zum Kochen. Reduziere die Hitze und lasse die Suppe mit geschlossenem Deckel für etwa 20 Minuten köcheln, oder bis die Kartoffeln weich sind.

4. Verwende einen Stabmixer, um die Suppe direkt im Topf zu einem glatten Püree zu verarbeiten. Falls du es stückiger magst, kannst du diesen Schritt auch überspringen oder nur teilweise pürieren.

5. Würze die Suppe mit Majoran, Salz und weißem Pfeffer. Lasse sie noch einmal kurz aufkochen und rühre die Sahne ein, falls du eine cremigere Konsistenz bevorzugst.

6. Serviere die Suppe heiß und bestreue sie mit der Petersilie. Guten Appetit.

Karotten-Ingwer-Suppe mit Apfelstücken

Zubereitungszeit: 25 Minuten
Portionen: 1 Person

Zutaten:

- 150 g Karotten, geschält und in Scheiben geschnitten
- 1 kleiner Apfel, geschält, entkernt und gewürfelt
- 10 g frischer Ingwer, geschält und fein gehackt
- 1 TL natives Olivenöl extra
- 250 ml Gemüsebrühe, hefefrei und ohne Geschmacksverstärker
- Salz und weißer Pfeffer zum Abschmecken
- 1 EL gehackte Petersilie
- 50 ml Kokosmilch, ungesüßt
- 1 TL Kürbiskerne

Zubereitung:

1. Erhitze das Olivenöl in einem Topf bei mittlerer Hitze. Gib die Karottenscheiben und den gehackten Ingwer hinzu. Lasse alles für etwa 5 Minuten dünsten, bis die Karotten leicht weich werden.

2. Füge die Apfelwürfel hinzu und dünste sie 2 Minuten mit.

3. Gieße die Gemüsebrühe hinzu und bringe alles zum Kochen. Reduziere die Hitze und lasse die Suppe für etwa 15 Minuten köcheln, bis die Karotten vollständig weich sind.

4. Püriere die Suppe mit einem Stabmixer oder in einem Standmixer, bis sie eine glatte Konsistenz hat. Gib die Kokosmilch hinzu und püriere erneut.

5. Schmecke die Suppe mit Salz und weißem Pfeffer ab.

6. Serviere die Suppe heiß. Garniere sie mit gehackter Petersilie und streue die Kürbiskerne darüber. Guten Appetit.

Zucchinisuppe mit Basilikum-Pesto

Zubereitungszeit: 25 Minuten
Portionen: 1 Person

Zutaten:

- 1 mittelgroße Zucchini, gewürfelt
- 1 kleine Kartoffel, gewürfelt
- 1 EL natives Olivenöl extra
- 250 ml Gemüsebrühe, hefefrei und ohne Geschmacksverstärker
- 1 kleine Knoblauchzehe, fein gehackt
- Salz und weißer Pfeffer zum Abschmecken
- 2 EL frischer Basilikum, gehackt
- 1 EL Pinienkerne, leicht geröstet
- 1 EL natives Olivenöl extra für das Pesto
- 1 EL Frischkäse

Zubereitung:

1. Erwärme das Olivenöl in einem mittelgroßen Topf bei mittlerer Hitze. Füge den Knoblauch hinzu und brate ihn für etwa 1 Minute an, bis er duftet, aber nicht braun wird.

2. Gib die Zucchini und Kartoffeln in den Topf und brate sie kurz mit an. Lösche alles mit der Gemüsebrühe ab. Bring die Suppe zum Kochen, reduziere dann die Hitze und lass sie 15-20 Minuten köcheln, bis die Kartoffeln weich sind.

3. Während die Suppe köchelt, bereite das Pesto vor. Verarbeite dazu Basilikum, Pinienkerne und Olivenöl in einem Mörser oder kleinen Mixer zu einer gleichmäßigen Paste. Rühre den Frischkäse unter, um das Pesto cremiger zu machen.

4. Sobald das Gemüse weich ist, nimm die Suppe vom Herd und püriere sie mit einem Stabmixer, bis sie eine glatte Konsistenz hat. Schmecke mit Salz und weißem Pfeffer ab.

5. Serviere die Suppe in einer Schüssel und gib einen Löffel des Pestos in die Mitte. Guten Appetit.

Blumenkohlsuppe

Zubereitungszeit: 30 Minuten
Portionen: 1 Person

Zutaten:

- 200 g Blumenkohl, in Röschen geschnitten
- 1 EL natives Olivenöl extra
- 1/4 TL Muskat, frisch gerieben
- 500 ml Gemüsebrühe, hefefrei und ohne Geschmacksverstärker
- 1 kleine Zwiebel, gewürfelt
- 1 kleine Knoblauchzehe, fein gehackt
- 50 ml Kokosmilch, ungesüßt
- Salz nach Geschmack
- Weißer Pfeffer, frisch gemahlen, nach Geschmack
- Frische Petersilie, gehackt, zum Garnieren

Zubereitung:

1. Erhitze das Olivenöl in einem Topf bei mittlerer Hitze. Füge die Zwiebelwürfel hinzu und sautiere sie, bis sie weich sind. Dann den Knoblauch hinzufügen und weitere 2 Minuten dünsten, bis er duftet.

2. Gib die Blumenkohlröschen in den Topf und röste sie leicht an, bis sie etwas Farbe annehmen. Streue den Muskat darüber und verrühre alles gut.

3. Gieße die Gemüsebrühe in den Topf und bringe die Suppe zum Kochen. Reduziere die Hitze und lasse die Suppe etwa 20 Minuten köcheln, bis der Blumenkohl weich ist.

4. Nimm den Topf vom Herd und püriere die Suppe mit einem Stabmixer, bis sie eine glatte Konsistenz hat. Rühre die Kokosmilch ein und erwärme die Suppe nochmals. Schmecke sie mit Salz und weißem Pfeffer ab.

5. Serviere die Suppe heiß und garniere sie mit Petersilie. Guten Appetit.

Brokkolicremesuppe mit gerösteten Mandeln

Zubereitungszeit: 25 Minuten
Portionen: 1 Person

Zutaten:

- 150 g Brokkoli, in Röschen geschnitten
- 20 g Mandeln, grob gehackt
- 1 EL natives Olivenöl extra
- 200 ml Gemüsebrühe, hefefrei und ohne Geschmacksverstärker
- 50 ml Sahne
- 1/2 kleine Zwiebel, fein gewürfelt
- Salz nach Geschmack
- Weißer Pfeffer nach Geschmack
- 1 TL Petersilie, frisch gehackt

Zubereitung:

1. Erhitze das Olivenöl in einem kleinen Topf bei mittlerer Hitze. Gib die Zwiebelwürfel hinzu und dünste sie glasig, achte darauf, dass sie nicht bräunen.

2. Füge die Brokkoliröschen zum Topf hinzu und röste sie kurz mit, bis sie leicht Farbe annehmen.

3. Gieße die Gemüsebrühe über den Brokkoli und die Zwiebeln. Lasse die Suppe bei niedriger Hitze etwa 15 Minuten köcheln, bis der Brokkoli weich ist.

4. Während die Suppe köchelt, röste die gehackten Mandeln in einer kleinen Pfanne ohne Fett bei mittlerer Hitze goldbraun. Achte darauf, sie häufig zu bewegen, damit sie nicht anbrennen.

5. Wenn der Brokkoli weich ist, nimm den Topf vom Herd und püriere die Suppe mit einem Stabmixer bis zur gewünschten Konsistenz.

6. Rühre die Sahne unter und erwärme die Suppe noch einmal. Schmecke mit Salz und weißem Pfeffer ab.

7. Serviere die Suppe heiß und bestreue sie mit den gerösteten Mandeln und frisch gehackter Petersilie. Guten Appetit.

Fenchel- Karotten-Suppe

Zubereitungszeit: 25 Minuten
Portionen: 1 Person

Zutaten:

- 1 mittelgroßer Fenchel, ge-würfelt
- 2 mittelgroße Karotten, ge-würfelt
- 200 ml Gemüsebrühe, hefefrei und ohne Geschmacksver-stärker
- 1 EL natives Olivenöl extra
- 1 kleine Zwiebel, gewürfelt
- 1 kleine Knoblauchzehe, fein gehackt
- 1/2 TL Kurkuma
- 1/4 TL gemahlener Karda-mom
- Salz und weißer Pfeffer nach Geschmack
- 1 EL gehackte Petersilie
- 2 EL Kokosmilch, ungesüßt

Zubereitung:

1. In einem mittelgroßen Topf das Olivenöl auf mittlerer Hitze erwärmen. Zwiebel und Knoblauch hinzufügen und unter gelegentlichem Rühren für etwa 3 Minuten dünsten, bis sie weich sind, aber nicht braun.

2. Fenchel- und Karottenwürfel zum Topf geben und weitere 2 Minuten dünsten, bis sie etwas weich geworden sind. Kurkuma und Kardamom hinzufügen und gut umrühren, sodass das Gemüse gleichmäßig mit den Gewürzen bedeckt ist.

3. Die Gemüsebrühe hinzufügen. Alles zum Kochen bringen, dann die Hitze reduzieren und die Suppe etwa 15 Minuten köcheln lassen, bis Fenchel und Karotten vollständig weich sind.

4. Die Suppe vom Herd nehmen und mit einem Stabmixer pürieren, bis sie eine glatte Konsistenz hat. Mit Salz und weißem Pfeffer abschmecken.

5. Die Suppe in einen Teller oder eine Schüssel gießen. Mit Kokosmilch be-träufeln und mit gehackter Petersilie garnieren. Guten Appetit.

Pastinaken-Apfel-Suppe mit Zimt

Zubereitungszeit: 30 Minuten
Portionen: 1 Person

Zutaten:

- 150 g Pastinake, geschält und in Würfel geschnitten
- 1 mittelgroßer Apfel, geschält, entkernt und grob gehackt
- 1 EL natives Olivenöl extra
- 1/4 TL gemahlener Zimt
- 1 Prise gemahlener Muskat
- 1 Prise Salz
- 500 ml Gemüsebrühe, hefefrei und ohne Geschmacksverstärker
- 1 EL Mandelmilch, ungesüßt
- 1 TL Honig
- Frische Petersilie, fein gehackt, zum Garnieren

Zubereitung:

1. Erhitze das Olivenöl in einem mittelgroßen Topf bei mittlerer Hitze. Gib die Pastinakenwürfel hinzu und brate sie für etwa 5 Minuten an, bis sie leicht gebräunt sind. Rühre gelegentlich um, damit sie nicht anbrennen.

2. Füge die Apfelstücke zum Topf hinzu und bestreue sie mit dem Zimt, Muskat und einer Prise Salz. Rühre alles gut um und lasse es weitere 5 Minuten köcheln, bis die Äpfel weich werden.

3. Gieße die Gemüsebrühe in den Topf. Erhöhe die Hitze, bis die Suppe zu Kochen beginnt. Reduziere dann die Hitze, decke den Topf ab und lasse die Suppe für etwa 20 Minuten köcheln, bis die Pastinakenstücke ganz weich sind.

4. Püriere die Suppe mit einem Stabmixer oder in einem Standmixer, bis sie eine glatte Konsistenz hat. Falls die Suppe zu dick ist, kannst du noch etwas Gemüsebrühe hinzufügen, bis die gewünschte Konsistenz erreicht ist.

5. Rühre die Mandelmilch ein und erwärme die Suppe nochmals kurz. Schmecke mit Salz ab und füge bei Bedarf einen Teelöffel Honig hinzu.

6. Serviere die Suppe heiß und garniere sie mit Petersilie. Guten Appetit.

Spargelcremesuppe

Zubereitungszeit: 25 Minuten
Portionen: 1 Person

Zutaten:

- 250 g frischer Spargel, geschält und in Stücke geschnitten
- 1 EL natives Olivenöl extra
- 1 kleine Zwiebel, fein gewürfelt
- 1 kleine Knoblauchzehe, fein gehackt
- 500 ml Gemüsebrühe, hefefrei und ohne Geschmacksverstärker
- 1 EL frische Petersilie, gehackt
- 50 ml Sahne
- Salz nach Geschmack
- Weißer Pfeffer, frisch gemahlen, nach Geschmack

Zubereitung:

1. In einem mittelgroßen Topf das Olivenöl auf mittlerer Stufe erhitzen. Zwiebel und Knoblauch hinzufügen und für etwa 2-3 Minuten anschwitzen, bis die Zwiebel glasig wird.

2. Die Spargelstücke dazugeben und kurz mit anbraten. Anschließend mit der Gemüsebrühe ablöschen. Die Suppe zum Kochen bringen und dann die Hitze reduzieren. Lass die Suppe für etwa 15 Minuten köcheln, bis der Spargel weich ist.

3. Sobald der Spargel weich ist, die Suppe vom Herd nehmen und mit einem Stabmixer pürieren, bis eine glatte Konsistenz erreicht ist.

4. Die Sahne einrühren und die Suppe erneut erhitzen, aber nicht kochen lassen. Mit Salz und weißem Pfeffer abschmecken.

5. Die Suppe in einen Teller geben und mit Petersilie garnieren. Guten Appetit.

Rote Beete-Suppe mit Kokosnusscreme

Zubereitungszeit: 30 Minuten
Portionen: 1 Person

Zutaten:

- 200 g Rote Beete, geschält und gewürfelt
- 1 kleine Zwiebel, fein gewür felt
- 1 EL natives Olivenöl extra
- 250 ml Gemüsebrühe, hefefrei und ohne Geschmacksverstärker
- 100 ml Kokosmilch, ungesüßt
- 1/4 TL Muskat, gemahlen
- Salz nach Geschmack
- 1 TL Petersilie, frisch gehackt
- 1 EL Kürbiskerne

Zubereitung:

1. In einem mittelgroßen Topf das Olivenöl auf mittlerer Stufe erhitzen. Die Zwiebelwürfel hinzugeben und für etwa 2 Minuten anschwitzen, bis sie glasig sind. Achte darauf, sie nicht braun werden zu lassen.

2. Die Rote Beete Würfel zu den Zwiebeln geben und kurz mitdünsten. Anschließend mit der Gemüsebrühe ablöschen. Die Suppe zum Kochen bringen und dann die Hitze reduzieren. Lasse die Suppe für etwa 20 Minuten köcheln, bis die Rote Beete weich ist.

3. Sobald die Rote Beete weich ist, die Suppe vom Herd nehmen und mit einem Pürierstab fein pürieren, bis eine glatte Konsistenz erreicht ist. Falls die Suppe zu dick ist, kannst du etwas mehr Gemüsebrühe hinzufügen, bis die gewünschte Konsistenz erreicht ist.

4. Die Kokosmilch und Muskat einrühren und die Suppe mit Salz abschmecken. Lasse die Suppe noch einmal kurz aufkochen.

5. Die Suppe in eine Schüssel geben und mit gehackter Petersilie sowie Kürbiskernen garnieren. Guten Appetit.

Zucchinisuppe mit Minze

Zubereitungszeit: 25 Minuten
Portionen: 1 Person

Zutaten:

- 200 g Zucchini, gewürfelt
- 1 EL natives Olivenöl extra
- 1 kleine Zwiebel, fein gewürfelt
- 1 kleine Knoblauchzehe, fein gehackt
- 500 ml Gemüsebrühe, hefefrei und ohne Geschmacksverstärker
- 1 EL frische Minze, fein gehackt
- Salz und weißer Pfeffer nach Geschmack
- 1 EL Kokosmilch, ungesüßt
- Einige frische Minzblätter zum Garnieren

Zubereitung:

1. Erhitze das Olivenöl in einem Topf bei mittlerer Hitze. Füge die Zwiebelwürfel hinzu und dünste sie, bis sie weich und glasig sind. Füge den Knoblauch hinzu und lass ihn für etwa 1 Minute mitdünsten, achte darauf, dass er nicht braun wird.

2. Gib die Zucchiniwürfel in den Topf und brate sie für 3-4 Minuten an, bis sie leicht gebräunt sind.

3. Füge die Gemüsebrühe hinzu und bringe die Suppe zum Kochen. Reduziere die Hitze und lasse die Suppe für etwa 15 Minuten köcheln, bis die Zucchini weich sind.

4. Nimm den Topf vom Herd und lass die Suppe etwas abkühlen. Gib die Minze dazu und püriere die Suppe mit einem Stabmixer oder in einem Standmixer, bis sie glatt ist. Schmecke mit Salz und weißem Pfeffer ab.

5. Serviere die Suppe heiß. Garniere sie mit einem Esslöffel Kokosmilch und einigen frischen Minzblättern. Guten Appetit.

Mangold-Suppe mit Quinoa

Zubereitungszeit: 30 Minuten
Portionen: 1 Person

Zutaten:

- 100 g Mangold, Blätter und Stiele getrennt und fein gehackt
- 50 g Quinoa, gut gespült und abgetropft
- 1 EL natives Olivenöl extra
- 1 kleine Zwiebel, fein gewürfelt
- 1 kleine Knoblauchzehe, fein gehackt
- 500 ml Gemüsebrühe, hefefrei und ohne Geschmacksverstärker
- 1 mittelgroße Karotte, gewürfelt
- Salz und weißer Pfeffer nach Geschmack
- 1 EL frische Petersilie, gehackt
- 2 EL Kürbiskerne

Zubereitung:

1. In einem mittelgroßen Topf das Olivenöl bei mittlerer Hitze erwärmen. Zwiebel und Knoblauch hinzufügen und für etwa 2 Minuten dünsten, bis die Zwiebel weich wird.
2. Die Karottenwürfel hinzugeben und weitere 2 Minuten dünsten, bis sie leicht weich werden.
3. Quinoa einrühren und kurz mitdünsten, damit es die Aromen aufnimmt.
4. Mit der Gemüsebrühe ablöschen und zum Kochen bringen. Die Hitze reduzieren und für etwa 15 Minuten köcheln lassen, bis die Quinoa fast gar ist.
5. Die Mangoldstiele hinzufügen und weitere 5 Minuten köcheln lassen.
6. Zum Schluss die Mangoldblätter unterrühren und so lange kochen lassen, bis sie zart sind, etwa 2 Minuten.
7. Mit Salz und weißem Pfeffer abschmecken und die Suppe in eine Schüssel geben.
8. Mit Petersilie und Kürbiskernen garnieren. Guten Appetit.

Süßkartoffelsuppe mit Pfefferminze

Zubereitungszeit: 30 Minuten
Portionen: 1 Person

Zutaten:

- 200 g Süßkartoffel, geschält und gewürfelt
- 1 EL natives Olivenöl extra
- 1/4 Zwiebel, fein gewürfelt
- 250 ml Gemüsebrühe, hefefrei und ohne Geschmacksverstärker
- 1 TL frische Pfefferminze, fein gehackt
- 50 ml Kokosmilch, ungesüßt
- Salz nach Geschmack
- Weißer Pfeffer, gemahlen, nach Geschmack

Zubereitung:

1. Erhitze das Olivenöl in einem mittelgroßen Topf bei mittlerer Hitze. Füge die Zwiebelwürfel hinzu und dünste sie glasig, etwa 2-3 Minuten lang.

2. Gib die Süßkartoffelwürfel dazu und röste sie leicht mit den Zwiebeln für etwa 5 Minuten. Rühre gelegentlich um, damit nichts anbrennt.

3. Gieße die Gemüsebrühe dazu und bringe alles zum Kochen. Reduziere die Hitze und lasse die Suppe etwa 15 Minuten köcheln, oder bis die Süßkartoffeln weich sind.

4. Nimm den Topf vom Herd und püriere die Suppe mit einem Stabmixer, bis sie eine glatte Konsistenz hat.

5. Rühre die Kokosmilch ein und erhitze die Suppe nochmals leicht. Schmecke mit Salz und weißem Pfeffer ab.

6. Vor dem Servieren die fein gehackte Pfefferminze einrühren.

7. Serviere die Suppe heiß. Guten Appetit.

Sellerie-Apfel-Suppe

Zubereitungszeit: 35 Minuten
Portionen: 1 Person

Zutaten:

- 150 g Knollensellerie, geschält und gewürfelt
- 1 mittelgroßer Apfel, geschält, entkernt und gewürfelt
- 1/2 kleine Zwiebel, fein gewürfelt
- 1 TL frischer Thymian, fein gehackt
- 1 EL natives Olivenöl extra
- 400 ml Gemüsebrühe, hefefrei und ohne Geschmacksverstärker
- Salz und weißer Pfeffer nach Geschmack
- 50 ml Hafermilch, ungesüßt
- 2 Scheiben Dinkelbrot, in Würfel geschnitten
- 1 EL Kokosöl
- Einige frische Thymianblätter zum Garnieren

Zubereitung:

1. Erhitze das Olivenöl in einem Topf auf mittlerer Stufe. Füge Zwiebelwürfel hinzu und dünste sie, bis sie glasig sind, etwa 2-3 Minuten. Gib dann die Sellerie- und Apfelwürfel sowie den gehackten Thymian dazu und dünste alles weitere 5 Minuten.

2. Gieße die Gemüsebrühe hinzu und bringe die Suppe zum Kochen. Reduziere die Hitze und lasse die Suppe etwa 20 Minuten köcheln, bis der Sellerie weich ist.

3. Während die Suppe köchelt, erhitzt du das Kokosöl in einer Pfanne über mittlerer Hitze. Gib die Dinkelbrotwürfel hinzu und röste sie, bis sie goldbraun und knusprig sind. Lege sie beiseite.

4. Nimm die Suppe vom Herd und püriere sie mit einem Stabmixer, bis sie eine glatte Konsistenz hat. Rühre die Hafermilch ein und erwärme die Suppe erneut. Schmecke mit Salz und weißem Pfeffer ab.

5. Serviere die Suppe heiß, garniert mit den Dinkelcroutons und Thymianblättern. Guten Appetit.

Rhabarber-Suppe mit Vanille

Zubereitungszeit: 25 Minuten
Portionen: 1 Person

Zutaten:

- 200 g Rhabarber, in kleine Stücke geschnitten
- 1 Vanilleschote, längs aufgeschnitten und das Mark herausgekratzt
- 250 ml Wasser
- 2 EL Haushaltszucker
- 1 TL Speisestärke, mit 2 TL Wasser angerührt
- 50 ml Sahne
- Eine Prise gemahlene Vanille
- Einige frische Minzblätter zum Garnieren

Zubereitung:

1. Gib den Rhabarber, das Wasser, den Haushaltszucker und das Mark der Vanilleschote zusammen mit der aufgeschnittenen Schote in einen mittelgroßen Topf. Lass alles bei mittlerer Hitze köcheln, bis der Rhabarber weich wird, etwa 10 Minuten.

2. Entferne die Vanilleschote und püriere die Suppe mit einem Stabmixer, bis sie glatt ist. Falls du es feiner magst, kannst du die Suppe durch ein Sieb streichen.

3. Stelle den Topf zurück auf den Herd und rühre die angerührte Speisestärke ein. Lass die Suppe unter Rühren nochmals aufkochen, bis sie leicht eindickt.

4. Nimm den Topf vom Herd und rühre die Sahne und eine Prise gemahlene Vanille unter. Schmecke die Suppe ab und füge bei Bedarf noch etwas Zucker hinzu.

5. Serviere die Suppe warm oder kalt. Garniere jede Portion mit einigen frischen Minzblättern. Guten Appetit.

Snacks

Karottensticks mit Erdmandel-Dip

Zubereitungszeit: 20 Minuten
Portionen: 1 Person

Zutaten:

- 2 große Karotten, geschält und in Sticks geschnitten
- 1 EL natives Olivenöl extra
- 1 Prise Salz
- 1 Prise schwarzer Pfeffer
- **Für den Erdmandel-Dip:**
- 30 g Erdmandeln (Tigernüsse), fein gemahlen
- 50 ml Mandelmilch, ungesüßt
- 1 TL Honig
- 1 Prise Vanille
- 1 Prise Zimt

Zubereitung:

1. Heize deinen Ofen auf 180 Grad vor. Vermische die Karottensticks in einer Schüssel mit dem Olivenöl, Salz und Pfeffer. Lege ein Backpapier auf ein Backblech und verteile die Karottensticks darauf. Backe sie für ca. 15 Minuten oder bis sie leicht gebräunt und weich sind.

2. Während die Karotten backen, bereite den Erdmandel-Dip zu. Nimm eine kleine Schüssel und vermische die fein gemahlenen Erdmandeln mit der Mandelmilch, bis eine glatte Konsistenz entsteht. Füge den Honig, eine Prise Vanille und Zimt hinzu. Rühre alles gut durch, bis der Dip cremig wird.

3. Sobald die Karottensticks fertig gebacken sind, nimm sie aus dem Ofen und lass sie kurz abkühlen.

4. Serviere die warmen Karottensticks mit dem Dip. Guten Appetit.

Zucchini-Puffer mit Frischkäse-Dip

Zubereitungszeit: 25 Minuten
Portionen: 1 Person

Zutaten:

- **Für die Puffer:**
- 1 mittelgroße Zucchini, grob geraspelt (etwa 200 g)
- 2 EL Dinkelmehl
- 1 Eigelb
- 1/4 TL Salz
- Eine Prise schwarzer Pfeffer
- 2 EL natives Olivenöl extra

- Für den Frischkäse-Dip:
- 100 g Frischkäse
- 1 TL frischer Schnittlauch, fein gehackt
- 1/4 TL Knoblauchpulver
- Eine Prise Salz
- Eine Prise weißer Pfeffer

Zubereitung:

1. Die geraspelte Zucchini in ein sauberes Küchentuch geben und kräftig auswringen, um überschüssiges Wasser zu entfernen. Dies ist wichtig, damit die Puffer nicht zu nass werden.

2. Die ausgedrückte Zucchini in eine Schüssel geben. Dinkelmehl, Eigelb, Salz und Pfeffer hinzufügen. Alles gut vermischen, bis eine gleichmäßige Masse entsteht.

3. In einer Pfanne das Olivenöl auf mittlerer Hitze erhitzen. Mit einem Esslöffel Portionen der Zucchinimischung in die Pfanne geben und flach drücken, um kleine Puffer zu formen. Von jeder Seite 3-4 Minuten goldbraun und knusprig braten. Die fertigen Puffer auf Küchenpapier abtropfen lassen.

4. Während die Puffer braten, den Frischkäse-Dip zubereiten. Dafür Frischkäse, Schnittlauch, Knoblauchpulver, Salz und weißen Pfeffer in einer kleinen Schüssel vermischen, bis alles gut vermischt ist.

5. Die warmen Puffer mit dem Dip servieren. Guten Appetit.

Kastanien-Cracker mit Ziegenkäse

Zubereitungszeit: 30 Minuten
Portionen: 1 Person

Zutaten:

- 100 g Kastanienmehl
- 30 ml natives Olivenöl extra
- 50 ml Wasser
- 1/4 TL Salz
- 50 g Ziegenfrischkäse
- 1 TL frische Petersilie, fein gehackt
- 1 TL Thymianblätter, frisch
- 1 kleine Zwiebel, fein gewürfelt
- 2 EL Kürbiskerne, grob gehackt

Zubereitung:

1. Heize deinen Ofen auf 180 Grad vor. In einer mittelgroßen Schüssel vermischst du das Esskastanienmehl mit dem Olivenöl, Wasser und Salz zu einem geschmeidigen Teig. Falls der Teig zu trocken erscheint, kannst du noch ein wenig Wasser hinzufügen.

2. Rolle den Teig zwischen zwei Lagen Backpapier zu einem dünnen, gleichmäßigen Fladen aus. Versuche, ihn so dünn wie möglich zu bekommen, damit deine Cracker knusprig werden.

3. Entferne das obere Backpapier und streue die Kürbiskerne gleichmäßig über den Teig. Rolle sie leicht ein, damit sie am Teig haften bleiben. Mit einem Messer oder Pizzaroller schneidest du den Teig in gewünschte Cracker-Größen.

4. Backe die Cracker für etwa 15-20 Minuten im Ofen, bis sie goldbraun und knusprig sind. Achte darauf, dass sie nicht zu dunkel werden. Lass sie nach dem Backen auf einem Gitter vollständig abkühlen.

5. Während die Cracker abkühlen, vermische den Ziegenfrischkäse mit der fein gehackten Petersilie, Thymian und den fein gewürfelten Zwiebeln in einer kleinen Schüssel. Diese Mischung wird dein Topping für die Cracker.

6. Sobald die Cracker abgekühlt sind, bestreichst du sie großzügig mit der Ziegenkäse-Kräutermischung. Guten Appetit.

Apfelchips mit Zimt

Zubereitungszeit: 45 Minuten
Portionen: 1 Person

Zutaten:

- 2 mittelgroße Äpfel, gewaschen und in dünne Scheiben geschnitten
- 1/2 TL Zimt
- 1 TL Honig
- 2 TL Kokosöl, geschmolzen

Zubereitung:

1. Heize deinen Ofen auf 100 Grad vor. Während der Ofen vorheizt, legst du ein Backblech mit Backpapier aus.

2. In einer großen Schüssel vermische die Apfelscheiben sorgfältig mit dem geschmolzenen Kokosöl. Stelle sicher, dass jede Scheibe leicht mit Öl bedeckt ist. Dies hilft, die Apfelchips beim Backen knusprig zu machen.

3. Gib den Zimt und Honig über die Apfelscheiben und vermische alles behutsam, damit die Gewürze gleichmäßig verteilt sind.

4. Verteile die Apfelscheiben in einer einzigen Schicht auf dem vorbereiteten Backblech. Achte darauf, dass sie sich nicht überlappen, damit sie gleichmäßig backen können.

5. Backe die Apfelchips für etwa 35-40 Minuten im Ofen. Die genaue Zeit kann variieren, je nachdem, wie dünn du die Scheiben geschnitten hast. Sie sind fertig, wenn sie an den Rändern leicht braun sind und sich knusprig anfühlen.

6. Nimm die Apfelchips aus dem Ofen und lasse sie einige Minuten abkühlen, damit sie noch knuspriger werden. Guten Appetit.

Süßkartoffel-Chips mit Rosmarin

Zubereitungszeit: 30 Minuten
Portionen: 1 Person

Zutaten:

- 1 große Süßkartoffel, in dünne Scheiben gehobelt
- 2 EL natives Olivenöl extra
- 1 TL frischer Rosmarin, fein gehackt
- 1/2 TL Salz
- 1/4 TL schwarzer Pfeffer

Zubereitung:

1. Heize deinen Ofen auf 200 Grad vor. Währenddessen kannst du ein Backblech mit Backpapier auslegen, damit die Chips nicht kleben bleiben.

2. Nimm die Süßkartoffel und hobele sie in möglichst dünne Scheiben. Je dünner die Scheiben, desto knuspriger werden deine Chips am Ende.

3. In einer großen Schüssel vermengst du die Süßkartoffelscheiben mit dem Olivenöl, bis alle Scheiben leicht mit Öl bedeckt sind. Dann fügst du den Rosmarin, das Salz und den Pfeffer hinzu. Verteile die Gewürze gleichmäßig, indem du alles vorsichtig mit deinen Händen durchmischst.

4. Breite die gewürzten Süßkartoffelscheiben auf dem Backblech aus. Achte darauf, dass sie nicht übereinanderliegen, damit sie alle gleichmäßig knusprig werden.

5. Backe die Süßkartoffel-Chips für etwa 20-25 Minuten im Ofen. Halte ein Auge darauf und wende sie nach der Hälfte der Zeit einmal, damit sie von beiden Seiten knusprig werden.

6. Sobald die Ränder der Chips leicht braun sind und die Chips knusprig wirken, kannst du sie aus dem Ofen nehmen. Lass sie danach ein paar Minuten abkühlen. Guten Appetit.

Kokosnuss-Energiebällchen

Zubereitungszeit: 15 Minuten
Portionen: 1 Person

Zutaten:

- 50 g Kokosmehl
- 30 g Mandelmus
- 2 EL Kokosöl, geschmolzen
- 2 EL Honig
- 1/2 TL Vanilleextrakt
- 1 Prise Salz
- 15 g Kokosraspeln, zum Wälzen
- 2 EL Chiasamen
- 50 ml Mandelmilch, ungesüßt

Zubereitung:

1. In einer mittelgroßen Schüssel das Kokosmehl, Mandelmus, geschmolzenes Kokosöl, Honig, Vanilleextrakt und eine Prise Salz hinzufügen. Alles gründlich miteinander vermischen, bis eine gleichmäßige Masse entsteht.

2. Die Chiasamen in die Mandelmilch einrühren und etwa 5 Minuten quellen lassen. Anschließend diese Mischung zu den übrigen Zutaten geben und erneut gründlich vermengen. Die Masse sollte nun fest genug sein, um Bällchen zu formen. Sollte die Masse zu trocken sein, kannst du noch etwas Mandelmilch hinzufügen.

3. Mit den Händen 10 gleich große Bällchen aus der Masse formen. Die Kokosraspeln auf einen Teller geben und die Bällchen darin wälzen, bis sie rundum bedeckt sind.

4. Die Energiebällchen für mindestens eine Stunde im Kühlschrank fest werden lassen, damit sie ihre Form behalten. Guten Appetit.

Gebackene Kürbisspalten

Zubereitungszeit: 30 Minuten
Portionen: 1 Person

Zutaten:

- 200 g Hokkaido-Kürbis, in Spalten geschnitten
- 1 EL natives Olivenöl extra
- 1/2 TL Salz
- 1/4 TL Schwarzer Pfeffer
- 1 TL frischer Thymian, Blätter abgezupft
- 2 EL Mandelmus
- 50 g Feldsalat, gewaschen
- 1 EL Kürbiskerne
- 1 TL Reissirup
- 1 Prise Muskatnuss, frisch gerieben

Zubereitung:

1. Heize den Ofen auf 180 Grad vor.

2. Lege die Kürbisspalten auf ein mit Backpapier ausgelegtes Backblech. Beträufle sie mit Olivenöl und würze sie mit Salz, schwarzem Pfeffer und frischem Thymian. Mische alles gut durch, damit jede Kürbisspalte gleichmäßig gewürzt ist.

3. Backe die Kürbisspalten für etwa 20-25 Minuten im Ofen, bis sie weich und an den Rändern leicht karamellisiert sind.

4. Während der Kürbis backt, bereite den Feldsalat vor. Lege ihn auf einen Teller, streue die Kürbiskerne darüber und beträufle alles leicht mit Reissirup und einer Prise Muskatnuss.

5. Sobald der Kürbis fertig ist, lege die Spalten auf dem Feldsalat. Serviere die gebackenen Kürbisspalten mit einem kleinen Schälchen Mandelmus zum Dippen. Guten Appetit.

Mandel-Tahini-Riegel

Zubereitungszeit: 30 Minuten
Portionen: 1 Person

Zutaten:

- 100 g Mandeln, grob gehackt
- 2 EL Tahini (Sesampaste)
- 1 EL Honig
- 50 g Haferflocken
- 2 EL Chiasamen
- 1 TL Zimt
- 1 Prise Salz
- 30 ml Mandelmilch, ungesüßt

Zubereitung:

1. Heize deinen Ofen auf 180 Grad vor und lege ein Backblech mit Backpapier aus.

2. In einer großen Schüssel vermische die gehackten Mandeln, Haferflocken, Chiasamen, Zimt und Salz.

3. In einem kleinen Topf erwärme die Mandelmilch zusammen mit dem Honig und Tahini bei niedriger Hitze. Rühre stetig, bis eine gleichmäßige, flüssige Masse entsteht.

4. Gieße die flüssige Mischung über die trockenen Zutaten und vermische alles gründlich, bis die trockenen Zutaten gleichmäßig benetzt sind.

5. Verteile die Masse auf dem vorbereiteten Backblech und drücke sie fest zusammen, sodass eine etwa 1 cm dicke Schicht entsteht.

6. Backe die Mischung für etwa 20 Minuten oder bis sie goldbraun und fest ist.

7. Lasse den gebackenen Block vor dem Schneiden komplett abkühlen, dann teile ihn in 6 Riegel. Guten Appetit.

Blumenkohl-Bites mit Kurkuma-Dip

Zubereitungszeit: 30 Minuten
Portionen: 1 Person

Zutaten:

- **Für die Blumenkohl-Bites:**
- 200 g Blumenkohl, in kleine Röschen zerteilt
- 1 EL natives Olivenöl extra
- 1/4 TL Kurkuma
- 1/4 TL Salz
- 1/4 TL gemahlener Kardamom
- 2 EL Haferflocken, fein gemahlen

- **Für den Kurkuma-Dip:**
- 100 g frischer Joghurt
- 1/2 TL Kurkuma
- 1/4 TL Salz
- 1 TL Honig
- 1/4 TL gemahlener Ingwer
- Ein paar Blätter frische Petersilie, fein gehackt

Zubereitung:

1. Heize deinen Backofen auf 200 Grad vor und lege ein Backblech mit Backpapier aus.

2. In einer großen Schüssel vermische den Blumenkohl mit Olivenöl, Kurkuma, Salz und Kardamom, bis die Röschen gleichmäßig bedeckt sind.

3. Rolle die gewürzten Blumenkohlröschen in den fein gemahlenen Haferflocken, bis sie von allen Seiten bedeckt sind. Dies sorgt für eine knusprige Außenschicht.

4. Verteile die Blumenkohlröschen auf dem Backblech und backe sie für 20-25 Minuten, bis sie goldbraun und knusprig sind. Wende sie zur Halbzeit einmal, damit sie gleichmäßig garen.

5. Während der Blumenkohl backt, bereite den Kurkuma-Dip vor. In einer kleinen Schüssel vermische Joghurt, Kurkuma, Salz, Honig und gemahlenen Ingwer. Rühre um, bis alles gut vermischt ist. Schmecke ab und passe die Würze nach Bedarf an.

6. Gib die fein gehackte Petersilie in den Dip und rühre sie unter.

7. Sobald die Blumenkohl-Bites fertig gebacken sind, lass sie für ein paar Minuten abkühlen.

8. Serviere die Blumenkohl-Bites warm mit dem Dip. Guten Appetit.

Sesam-Hafer-Cookies

Zubereitungszeit: 25 Minuten
Portionen: 1 Person

Zutaten:

- 100 g Haferflocken
- 30 g Sesam
- 2 EL Mandelmus
- 1 EL Honig
- 50 ml Hafermilch, ungesüßt
- 1/2 TL Weinsteinbackpulver
- 1 Prise Salz
- 1 TL Vanilleextrakt

Zubereitung:

1. Heize den Ofen auf 180 Grad vor und lege ein Backblech mit Backpapier aus.

2. In einer mittelgroßen Schüssel vermische die Haferflocken, Sesam, Weinsteinbackpulver und Salz gründlich.

3. Füge das Mandelmus, Honig, Hafermilch und Vanilleextrakt hinzu. Verarbeite alles mit einem Löffel zu einem gleichmäßigen Teig. Wenn der Teig zu trocken erscheint, gib noch ein wenig Hafermilch hinzu.

4. Forme mit den Händen kleine Kugeln aus dem Teig und lege sie auf das Backblech. Drücke sie leicht flach, damit sie die Form von Cookies annehmen.

5. Backe die Cookies für etwa 15 bis 18 Minuten oder bis sie am Rand leicht goldbraun sind.

6. Lasse die Cookies auf dem Blech für einige Minuten abkühlen, bevor du sie auf ein Kuchengitter legst. Guten Appetit.

Rote Beete-Carpaccio mit Pinienkernen

Zubereitungszeit: 20 Minuten
Portionen: 1 Person

Zutaten:

- 1 mittelgroße Rote Beete, roh und geschält
- 30 g Pinienkerne
- 1 EL natives Olivenöl extra
- 1 TL Verjus
- 1/4 TL Salz
- 1/4 TL schwarzer Pfeffer
- 2 EL frischer Basilikum, fein gehackt
- 1 EL frischer Petersilie, fein gehackt
- 30 g Ziegenkäse, zerbröckelt

Zubereitung:

1. Beginne damit, die Rote Beete in hauchdünne Scheiben zu schneiden. Verwende hierfür am besten ein scharfes Messer oder eine Mandoline, um gleichmäßige Scheiben zu erhalten.

2. Die Pinienkerne in einer trockenen Pfanne bei mittlerer Hitze rösten, bis sie goldbraun sind. Achte darauf, sie häufig zu schwenken, damit sie nicht verbrennen. Sobald sie geröstet sind, nimm sie vom Herd und lass sie abkühlen.

3. Für das Dressing Olivenöl und Verjus in einer kleinen Schüssel vermischen. Mit Salz und Pfeffer abschmecken.

4. Lege die Rote Beete-Scheiben überlappend auf einen Teller. Träufle das Dressing gleichmäßig über die Rote Beete.

5. Bestreue das Carpaccio mit den gerösteten Pinienkernen, dem zerbröckelten Ziegenkäse, dem gehackten Basilikum und der Petersilie. Guten Appetit.

Brokkoli-Taler mit Mandelmus

Zubereitungszeit: 30 Minuten
Portionen: 1 Person

Zutaten:

- 200 g Brokkoli, in Röschen zerteilt und weich gekocht
- 30 g Mandelmus
- 1 Eigelb
- 2 EL Dinkelmehl
- 1 EL natives Olivenöl extra
- 1/4 TL Salz
- 1/4 TL Kurkuma
- 1 Prise gemahlener schwarzer Pfeffer
- 2 EL Kokosöl zum Braten

Zubereitung:

1. Koche die Brokkoliröschen in leicht gesalzenem Wasser weich. Lass sie anschließend gut abtropfen und abkühlen. Drücke mit den Händen überschüssiges Wasser aus dem Brokkoli, um die Taler später besser formen zu können.

2. Zerdrücke den abgekühlten Brokkoli in einer Schüssel mit einer Gabel zu einem groben Brei. Füge das Mandelmus, das Eigelb, Dinkelmehl, Olivenöl, Salz, Kurkuma und schwarzen Pfeffer hinzu. Vermische alles gründlich, bis eine homogene Masse entsteht.

3. Forme mit angefeuchteten Händen vier gleichmäßige Taler aus der Brokkoli-Masse.

4. Erhitze das Kokosöl in einer Pfanne auf mittlerer Stufe. Brate die Brokkoli-Taler von beiden Seiten jeweils 3-4 Minuten, bis sie goldbraun und knusprig sind.

5. Lege die fertigen Taler auf Küchenpapier, um überschüssiges Fett aufzusaugen. Guten Appetit.

Paprika-Boote mit Quinoa-Salat

Zubereitungszeit: 30 Minuten
Portionen: 1 Person

Zutaten:

- 1 rote Paprika, halbiert und entkernt
- 50 g Quinoa, gut gespült und abgetropft
- 100 ml Wasser
- 1 kleine Karotte, geschält und in kleine Würfel geschnitten
- 1 Frühlingszwiebel, in feine Ringe geschnitten
- 30 g Gurke, gewürfelt
- 2 EL frische Petersilie, fein gehackt
- 1 EL natives Olivenöl extra
- 1 TL Verjus
- Salz nach Geschmack
- Weißer Pfeffer nach Geschmack

Zubereitung:

1. Beginne mit dem Kochen des Quinoa. Gib den Quinoa in einen kleinen Topf zusammen mit 100 ml Wasser. Lasse ihn aufkochen und dann bei niedriger Hitze 15 Minuten köcheln, bis er weich ist und das Wasser vollständig aufgenommen wurde. Nimm den Topf vom Herd und lass den Quinoa abkühlen.

2. In der Zwischenzeit bereitest du die Paprikahälften vor. Stelle sicher, dass sie sauber und trocken sind.

3. Für den Salat mische in einer Schüssel den abgekühlten Quinoa mit den Karottenwürfeln, Gurkenwürfeln, Frühlingszwiebelringen und der Petersilie. Füge Olivenöl und Verjus hinzu. Würze mit Salz und weißem Pfeffer nach Geschmack und vermische alles gut.

4. Fülle die Quinoa-Salat-Mischung gleichmäßig in die Paprikahälften.

5. Serviere die Paprika-Boote sofort oder kühle sie kurz, wenn du sie lieber kalt magst. Guten Appetit.

Salate

Quinoa-Salat mit Cranberries und Nüssen

Zubereitungszeit: 20 Minuten
Portionen: 1 Person

Zutaten:

- 50 g Quinoa, gut gespült und abgetropft
- 30 g Cranberries, getrocknet und ungeschwefelt
- 20 g Mandeln, grob gehackt
- 20 g Walnüsse, grob gehackt
- 1 kleine Karotte, geschält und in dünne Streifen geschnitten
- 1 kleine Handvoll Feldsalat, gewaschen und getrocknet
- 1 EL natives Olivenöl extra
- 1 TL Honig
- 1 Prise Salz
- 1 Prise schwarzer Pfeffer
- 2 EL frische Petersilie, fein gehackt
- 1 EL frische Minze, fein gehackt
- 50 ml Wasser oder Gemüsebrühe (hefefrei und ohne Geschmacksverstärker)

Zubereitung:

1. Quinoa in einem kleinen Topf mit 100 ml Wasser oder Gemüsebrühe zum Kochen bringen. Hitze reduzieren und zugedeckt 15 Minuten köcheln lassen, bis der Quinoa das Wasser aufgenommen hat und weich ist. Vom Herd nehmen und abkühlen lassen.

2. In der Zwischenzeit Cranberries, Mandeln, Walnüsse, Karottenstreifen, Feldsalat, Petersilie und Minze in einer großen Schüssel vermengen.

3. In einer kleinen Schüssel Olivenöl, Honig, Salz und Pfeffer zu einem Dressing verrühren.

4. Den abgekühlten Quinoa zur Salatmischung geben und alles gut durchmischen. Das Dressing über den Salat geben und erneut vermengen, bis alles gleichmäßig benetzt ist.

5. Zum Schluss den Salat auf einem Teller anrichten. Guten Appetit.

Apfel-Kürbis-Quinoa-Salat

Zubereitungszeit: 30 Minuten
Portionen: 1 Person

Zutaten:

- 60 g Quinoa, gut gespült und abgetropft
- 150 g Hokkaido-Kürbis, in kleine Würfel geschnitten
- 1 EL natives Olivenöl extra
- 1/2 TL Salz
- 1/4 TL Schwarzer Pfeffer
- 30 g Feldsalat
- 2 EL geröstete Kürbiskerne
- 1 EL Frischkäse
- 1 TL Honig
- 1/2 Apfel, in dünne Scheiben geschnitten
- 1 EL Verjus
- 1 EL Distelöl

Zubereitung:

1. Beginne damit, deinen Ofen auf 200 Grad vorzuheizen. Währenddessen spüle den Quinoa gründlich unter fließendem Wasser ab. Koche den Quinoa gemäß der Packungsanleitung, bis er weich ist. Nach dem Kochen zur Seite stellen und abkühlen lassen.

2. Verteile die Kürbiswürfel auf einem Backblech, das mit Backpapier ausgelegt ist. Gib das Olivenöl darüber und würze mit Salz und Pfeffer. Röste den Kürbis im vorgeheizten Ofen für etwa 20 Minuten, bis er weich und an den Rändern leicht gebräunt ist.

3. Während der Kürbis röstet, kannst du die Kürbiskerne in einer trockenen Pfanne bei mittlerer Hitze rösten. Rühre sie kontinuierlich um, bis sie goldbraun sind und beginnen, zu duften. Achte darauf, dass sie nicht verbrennen. Nimm sie vom Herd und lasse sie abkühlen.

4. In einer kleinen Schüssel vermische den Frischkäse mit dem Honig, Verjus und Distelöl, um das Dressing herzustellen. Schlage es mit einer Gabel oder einem kleinen Schneebesen, bis eine glatte Sauce entsteht. Schmecke mit einer Prise Salz und Pfeffer ab.

5. In einer großen Salatschüssel vermische den abgekühlten Quinoa mit dem gerösteten Kürbis, den Apfelscheiben und dem Feldsalat. Gib das Dressing darüber und vermische alles vorsichtig, damit der Salat gleichmäßig mit dem Dressing bedeckt ist.

6. Streue zum Schluss die gerösteten Kürbiskerne über den Salat. Guten Appetit.

Feldsalat mit Apfel und Macadamianüssen

Zubereitungszeit: 15 Minuten
Portionen: 1 Person

Zutaten:

- 75 g Feldsalat, gründlich gewaschen und getrocknet
- 1 mittelgroßer Apfel (Sorte nach Wahl), gewürfelt
- 30 g Macadamianüsse, grob gehackt
- 1 EL natives Olivenöl extra
- 1 TL Apfelessig
- 1 TL Honig
- 1 Prise Salz
- 1 Prise weißer Pfeffer
- 2 EL frische Petersilie, fein gehackt
- 50 g Hüttenkäse

Zubereitung:

1. In einer kleinen Schüssel Olivenöl, Apfelessig, Honig, Salz und weißen Pfeffer zu einem Dressing verrühren.

2. Den gewürfelten Apfel und die grob gehackten Macadamianüsse in eine Salatschüssel geben. Die frische Petersilie darüberstreuen.

3. Den gewaschenen und getrockneten Feldsalat hinzufügen.

4. Das vorbereitete Dressing über den Salat geben und alles behutsam vermengen, sodass der Feldsalat und die anderen Zutaten gleichmäßig mit dem Dressing überzogen sind.

5. Den Hüttenkäse über den Salat geben.

6. Serviere den Salat sofort. Guten Appetit.

Karottensalat mit Dressing

Zubereitungszeit: 15 Minuten
Portionen: 1 Person

Zutaten:

- 2 mittelgroße Karotten, geschält und in dünne Streifen geschnitten
- 1/2 Apfel, entkernt und in dünne Streifen geschnitten
- 1 EL gehackte Mandeln
- 1 EL Kürbiskerne
- 2 EL frische Petersilie, fein gehackt
- 1 EL natives Olivenöl extra
- 2 TL Apfelessig
- 1 TL Honig
- Eine Prise Salz
- Eine Prise weißer Pfeffer

Zubereitung:

1. In einer mittelgroßen Schüssel die geschälten und in dünne Streifen geschnittenen Karotten mit den Apfelstreifen vermischen.

2. Gehackte Mandeln und Kürbiskerne in einer trockenen Pfanne bei mittlerer Hitze leicht anrösten, bis sie duften. Achte darauf, dass sie nicht verbrennen. Danach zu den Karotten und Äpfeln geben.

3. In einer kleinen Schüssel Olivenöl, Apfelessig und Honig zu einem Dressing verrühren. Mit einer Prise Salz und weißem Pfeffer abschmecken.

4. Das Dressing über den Salat geben und alles gründlich vermischen, sodass die Karotten- und Apfelstreifen gleichmäßig mit dem Dressing überzogen sind.

5. Den Salat mit der frischen Petersilie garnieren und vor dem Servieren kurz ziehen lassen. Guten Appetit.

Endiviensalat mit Rote Beete und Ziegenkäse

Zubereitungszeit: 20 Minuten
Portionen: 1 Person

Zutaten:

- 100 g Endiviensalat, grob gehackt
- 1 mittelgroße Rote Beete, gekocht und in Würfel geschnitten
- 50 g Ziegenkäse, zerbröckelt
- 1 EL natives Olivenöl extra
- 1/2 TL Apfeldicksaft
- 1 TL Verjus
- Salz nach Geschmack
- Schwarzer Pfeffer, frisch gemahlen, nach Geschmack
- 2 EL gehackte Macadamianüsse
- Einige Blätter frische Petersilie, fein gehackt

Zubereitung:

1. Wasche den Endiviensalat gründlich und schleudere ihn trocken. Lege ihn als Basis in eine tiefe Salatschüssel.

2. Verteile die gekochten, gewürfelten Rote Beete Stücke gleichmäßig über den Salat.

3. Zerbröckle den Ziegenkäse und streue ihn über die Rote Beete.

4. In einer kleinen Schüssel Olivenöl, Apfeldicksaft, und Verjus mit einem Schneebesen kräftig verrühren. Mit Salz und schwarzem Pfeffer abschmecken.

5. Gib das Dressing gleichmäßig über den Salat.

6. Bestreue den Salat mit den gehackten Macadamianüssen und der frischen Petersilie.

7. Vor dem Servieren alles leicht vermengen. Guten Appetit.

Gurkensalat mit Dill-Joghurt-Dressing

Zubereitungszeit: 15 Minuten
Portionen: 1 Person

Zutaten:

- 150 g Gurke, in dünne Scheiben geschnitten
- 2 EL frischer Joghurt
- 1 TL Dill, frisch gehackt
- 1 EL natives Olivenöl extra
- Salz nach Geschmack
- 1 Prise weißer Pfeffer
- 1 TL Chiasamen
- 50 g Feldsalat, gewaschen und getrocknet
- 1 EL geröstete Kürbiskerne

Zubereitung:

1. Beginne damit, die Gurkenscheiben in einer Schüssel bereitzustellen.

2. In einer kleinen Schale mischst du den Joghurt mit dem frisch gehackten Dill. Rühre das Olivenöl unter und würze die Mischung mit Salz und einer Prise weißem Pfeffer.

3. Gib nun die Chiasamen in das Dressing und verrühre alles gut.

4. Lege den Feldsalat als Bett auf einen Teller.

5. Verteile die Gurkenscheiben gleichmäßig auf dem Feldsalat.

6. Träufle das Dill-Joghurt-Dressing über die Gurken.

7. Bestreue den Salat abschließend mit den gerösteten Kürbiskernen. Guten Appetit.

Chicorée-Salat mit Granatapfel und Macadamianüssen

Zubereitungszeit: 15 Minuten
Portionen: 1 Person

Zutaten:

- 1 Chicorée, in Streifen geschnitten
- 1/2 Granatapfel, Kerne herausgelöst
- 30 g Macadamianüsse, grob gehackt
- 1 EL natives Olivenöl extra
- 1 TL Reissirup
- Salz nach Geschmack
- Schwarzer Pfeffer, frisch gemahlen, nach Geschmack
- Einige Blätter frischer Basilikum, grob gehackt

Zubereitung:

1. Den Chicorée waschen und in feine Streifen schneiden. Die Streifen in eine große Salatschüssel geben.

2. Die Kerne des Granatapfels vorsichtig herauslösen, um zu vermeiden, dass der Saft spritzt. Die Kerne zum Chicorée in die Schüssel geben.

3. Die Macadamianüsse grob hacken und in einer trockenen Pfanne bei mittlerer Hitze leicht anrösten, bis sie goldbraun sind. Achte darauf, sie dabei ständig zu bewegen, damit sie nicht verbrennen. Anschließend zu den anderen Zutaten in die Schüssel geben.

4. Für das Dressing das Olivenöl mit Reissirup in einer kleinen Schüssel gut verrühren. Mit Salz und schwarzem Pfeffer abschmecken.

5. Das Dressing über den Salat geben und alles vorsichtig vermengen, sodass die Chicorée-Streifen und Granatapfelkerne gleichmäßig mit dem Dressing überzogen sind.

6. Zum Schluss den Salat mit den grob gehackten Basilikumblättern garnieren. Guten Appetit.

Wassermelonensalat mit Minze und Ziegenkäse

Zubereitungszeit: 15 Minuten
Portionen: 1 Person

Zutaten:

- 200 g Wassermelone, in Würfel geschnitten
- 30 g Ziegenkäse, zerbröckelt
- 10 g frische Minzblätter, grob gehackt
- 1 EL natives Olivenöl extra
- Eine Prise schwarzer Pfeffer
- 1 EL gehackte Mandeln
- 50 g Gurke, in dünne Scheiben geschnitten
- 1 EL Kürbiskerne

Zubereitung:

1. Beginne damit, die Wassermelonenwürfel in eine mittelgroße Schüssel zu geben.

2. Füge die dünn geschnittenen Gurkenscheiben hinzu und vermische sie vorsichtig mit der Wassermelone.

3. Streue den zerbröckelten Ziegenkäse und die grob gehackten Minzblätter über die Wassermelonen-Gurken-Mischung.

4. Für das Dressing vermische in einer kleinen Schüssel das Olivenöl mit einer Prise schwarzem Pfeffer. Gib dieses Dressing über den Salat und vermische alles leicht.

5. Zum Schluss bestreue den Salat mit gehackten Mandeln und Kürbiskernen.

6. Serviere den Salat sofort. Guten Appetit.

Blattsalat mit gerösteter Süßkartoffel und Kürbiskernen

Zubereitungszeit: 30 Minuten
Portionen: 1 Person

Zutaten:

- 150 g Süßkartoffel, geschält und in Würfel geschnitten
- 1 EL natives Olivenöl extra
- 1/4 TL Salz
- 1/4 TL Schwarzer Pfeffer
- 2 Handvoll gemischter Blattsalat (Eisbergsalat, Feldsalat)
- 1 EL Kürbiskerne
- 50 g Ziegenkäse, zerbröckelt
- 1 kleine Karotte, in dünne Streifen geschnitten
- 2 EL Granatapfelkerne
- **Für das Dressing:**
- 2 EL natives Olivenöl extra
- 1 EL Verjus
- 1 TL Honig
- 1/4 TL Salz
- 1/4 TL frisch gemahlener schwarzer Pfeffer

Zubereitung:

1. Heize deinen Ofen auf 200 Grad vor. Vermische die Süßkartoffelwürfel mit dem Olivenöl, Salz und Pfeffer. Breite sie auf einem Backblech aus und röste sie für etwa 20 Minuten im Ofen, bis sie weich und an den Rändern leicht karamellisiert sind.

2. In der Zwischenzeit röste die Kürbiskerne in einer trockenen Pfanne auf mittlerer Hitze, bis sie leicht zu springen beginnen. Achte darauf, dass sie nicht verbrennen. Nimm sie dann vom Herd.

3. Für das Dressing vermische das Olivenöl, Verjus, Honig, Salz und Pfeffer in einer kleinen Schüssel, bis es gut vermischt ist.

4. In einer großen Schüssel vermische den Blattsalat mit den Karottenstreifen und den gerösteten Süßkartoffelwürfeln. Gib das Dressing darüber und mische alles vorsichtig, sodass der Salat gleichmäßig benetzt ist.

5. Gib den Salat auf einen Teller. Streue die gerösteten Kürbiskerne, Granatapfelkerne und zerbröckelten Ziegenkäse darüber. Guten Appetit.

Kohlrabisalat mit Apfel

Zubereitungszeit: 15 Minuten
Portionen: 1 Person

Zutaten:

- 1 kleiner Kohlrabi, geschält und in feine Streifen geschnitten
- 1 Apfel, Sorte deiner Wahl, entkernt und in dünne Scheiben geschnitten
- 1 EL natives Olivenöl extra
- 1 EL Verjus
- 1 Prise Salz
- 1 Prise schwarzer Pfeffer
- 2 EL gehackte frische Petersilie
- 1 EL geröstete Kürbiskerne

Zubereitung:

1. Nimm eine mittelgroße Schüssel und vermische die Kohlrabistreifen mit den Apfelscheiben.

2. In einer kleinen Schale vermische das Olivenöl, den Verjus, Salz und Pfeffer zu einem Dressing.

3. Gieße das Dressing über den Kohlrabi und die Apfelstücke und vermische alles gut, sodass das Dressing gleichmäßig verteilt ist.

4. Lass den Salat für etwa 5 Minuten stehen.

5. Kurz vor dem Servieren den Salat mit frischer Petersilie bestreuen und mit den gerösteten Kürbiskernen garnieren. Guten Appetit.

Eisbergsalat mit Gurken und Sesam

Zubereitungszeit: 15 Minuten
Portionen: 1 Person

Zutaten:

- 100 g Eisbergsalat, grob zerkleinert
- 1/2 Salatgurke, in dünne Scheiben geschnitten
- 1 EL Sesamsamen, leicht geröstet
- 2 EL natives Olivenöl extra
- 1 EL Verjus
- 1 TL Reissirup
- 1/4 TL Salz
- 1/4 TL schwarzer Pfeffer, frisch gemahlen
- 1 EL frische Petersilie, fein gehackt
- 50 g Frischkäse

Zubereitung:

1. Beginne damit, den Eisbergsalat und die Gurkenscheiben in eine große Salatschüssel zu geben.

2. In einer kleinen Pfanne die Sesamsamen ohne Öl auf mittlerer Stufe rösten, bis sie leicht golden sind. Achte darauf, sie nicht verbrennen zu lassen. Danach über den Salat streuen.

3. Für das Dressing Olivenöl, Verjus, Reissirup, Salz und Pfeffer in einer kleinen Schüssel gut verrühren, bis eine homogene Flüssigkeit entsteht.

4. Gieße das Dressing gleichmäßig über den Salat und die Gurkenscheiben. Verwende zwei Gabeln, um alles vorsichtig zu vermischen, damit der Salat gleichmäßig mit dem Dressing bedeckt ist.

5. Zum Schluss den Frischkäse und die Petersilie über den Salat geben und noch einmal leicht unterheben. Guten Appetit.

Spargelsalat mit Erdmandeln

Zubereitungszeit: 15 Minuten
Portionen: 1 Person

Zutaten:

- 150 g grüner Spargel, holzige Enden entfernt und in Stücke geschnitten
- 2 EL Erdmandeln, grob gehackt
- 1 kleine Karotte, geschält und in dünne Streifen geschnitten
- 50 g Feldsalat, gewaschen und trocken geschleudert
- 1 EL natives Olivenöl extra
- 1 TL Apfelessig
- 1 Prise Salz
- 1 Prise schwarzer Pfeffer
- 1 TL frischer Basilikum, fein gehackt
- 1 TL Petersilie, fein gehackt
- 2 EL geröstete Kürbiskerne

Zubereitung:

1. Bringe einen kleinen Topf mit Wasser zum Kochen und blanchiere den grünen Spargel für etwa 2 Minuten, damit er seine grüne Farbe behält und noch etwas Biss hat. Schrecke ihn anschließend in Eiswasser ab und lasse ihn gut abtropfen.

2. In einer kleinen Schüssel das Olivenöl mit Apfelessig, Salz und schwarzem Pfeffer zu einem Dressing verrühren. Basilikum und Petersilie hinzufügen und gut vermischen.

3. In einer großen Salatschüssel den Feldsalat als Basis auslegen. Verteile darauf die Spargelstücke, Karottenstreifen und die grob gehackten Erdmandeln.

4. Das Dressing gleichmäßig über den Salat träufeln und alles vorsichtig vermengen.

5. Zum Schluss den Salat mit den gerösteten Kürbiskernen bestreuen. Guten Appetit.

Mango-Kokos-Salat

Zubereitungszeit: 15 Minuten
Portionen: 1 Person

Zutaten:

- 1 mittelgroße Mango, in Würfel geschnitten
- 30 g frische Kokosnuss, in dünne Streifen geschnitten
- 50 g Feldsalat, gewaschen und getrocknet
- 1 EL natives Olivenöl extra
- 1 TL Reissirup
- 1 Prise Salz
- 1 Prise gemahlener Kardamom
- 10 g geröstete Mandeln, grob gehackt

Zubereitung:

1. Beginne damit, die Mango in mundgerechte Würfel zu schneiden. Die frische Kokosnuss schneidest du in dünne Streifen. Stelle beides beiseite.

2. In einer kleinen Schüssel vermengst du Olivenöl, Reissirup, Salz und Kardamom zu einem Dressing. Rühre es gut um, bis sich der Sirup vollständig aufgelöst hat.

3. Gib den Feldsalat in eine Servierschüssel und füge die Mangowürfel sowie die Kokosnussstreifen hinzu.

4. Träufle das Dressing über den Salat und vermische alles behutsam, sodass die Zutaten gleichmäßig mit dem Dressing bedeckt sind.

5. Zum Schluss bestreust du den Salat mit den grob gehackten Mandeln. Guten Appetit.

Brote und Backwaren

Hirsebrot mit Kürbiskernen

Zubereitungszeit: 50 Minuten
Portionen: 1 Brotlaib

Zutaten:

- 250 g Hirsemehl
- 200 g Dinkelmehl
- 1 TL Salz
- 1 Päckchen Weinsteinbackpulver
- 300 ml lauwarmes Wasser
- 50 ml natives Olivenöl extra
- 100 g Kürbiskerne, grob gehackt
- 2 EL Chiasamen
- 2 EL Sonnenblumenöl zum Bestreichen

Zubereitung:

1. Heize deinen Ofen auf 180 Grad vor und lege eine Backform mit Backpapier aus oder fette sie leicht mit etwas Sonnenblumenöl ein.

2. In einer großen Schüssel vermische das Hirsemehl, Dinkelmehl, Salz und Weinsteinbackpulver gründlich.

3. Gib langsam das lauwarme Wasser und das Olivenöl hinzu und rühre alles zu einem geschmeidigen Teig. Wenn der Teig zu trocken erscheint, kannst du noch ein wenig Wasser hinzufügen.

4. Füge nun die grob gehackten Kürbiskerne und die Chiasamen zum Teig hinzu und knete alles gut durch, bis die Kerne und Samen gleichmäßig verteilt sind.

5. Forme den Teig zu einem Brotlaib und lege ihn in die vorbereitete Backform. Bestreiche die Oberfläche des Brotes leicht mit Sonnenblumenöl, um eine Kruste zu bekommen.

6. Backe das Brot für etwa 40 Minuten im vorgeheizten Ofen, bis es goldbraun ist und beim Klopfen auf die Unterseite hohl klingt.

7. Lasse das Brot nach dem Backen in der Form etwas abkühlen, bevor du es herausnimmst und auf einem Kuchengitter vollständig auskühlen lässt. Guten Appetit.

Dinkel-Vollkornbrot

Zubereitungszeit: 2 Stunden
Portionen: 1 Brotlaib

Zutaten:

- 500 g Dinkelvollkornmehl
- 300 ml lauwarmes Wasser
- 1 Päckchen Weinsteinbackpulver
- 2 TL Salz
- 50 g geschrotete Leinsamen
- 100 g grob geriebene Karotten
- 2 EL natives Olivenöl extra
- 1 EL Reissirup
- 50 g Kürbiskerne für die Kruste

Zubereitung:

1. Vermische in einer großen Schüssel das Dinkelvollkornmehl mit dem Weinsteinbackpulver und dem Salz.

2. Gib die geschroteten Leinsamen und die grob geriebenen Karotten hinzu und rühre alles gut um.

3. Mache in der Mitte der Mehlmischung eine Mulde und gieße das lauwarme Wasser, das Olivenöl sowie den Reissirup hinein. Verknete alle Zutaten mit den Händen zu einem geschmeidigen Teig. Sollte der Teig zu trocken sein, kannst du noch etwas Wasser hinzufügen. Ist er zu feucht, gib etwas mehr Mehl dazu.

4. Forme den Teig zu einer Kugel und lasse ihn abgedeckt an einem warmen Ort für etwa 1 Stunde gehen, bis er sein Volumen deutlich vergrößert hat.

5. Heize den Ofen auf 200 Grad vor. Knete den Teig noch einmal kurz durch und forme ihn zu einem Laib. Lege den Laib auf ein mit Backpapier ausgelegtes Backblech.

6. Befeuchte die Oberfläche des Brotlaibs leicht mit Wasser und streue die Kürbiskerne gleichmäßig darauf. Drücke sie sanft an, damit sie besser haften bleiben.

7. Backe das Brot im vorgeheizten Ofen für etwa 50-60 Minuten, bis es eine goldbraune Kruste bekommen hat. Die genaue Backzeit kann je nach Ofen variieren, daher empfiehlt es sich, nach 45 Minuten die Kruste und den Klopftest zu machen.

8. Lasse das Brot nach dem Backen auf einem Gitter vollständig auskühlen, bevor du es anschneidest. Guten Appetit.

Kartoffel-Rosmarin-Brötchen

Zubereitungszeit: 35 Minuten
Portionen: 8 Brötchen

Zutaten:

- 250 g Kartoffeln, gekocht und püriert
- 500 g Dinkelmehl
- 1 Päckchen Weinsteinbackpulver
- 1 TL Salz
- 2 EL frischer Rosmarin, fein gehackt
- 2 EL natives Olivenöl extra
- 300 ml warmes Wasser
- 1 EL Haushaltszucker

Zubereitung:

1. In einer großen Schüssel Dinkelmehl, Weinsteinbackpulver, Salz und den fein gehackten Rosmarin vermischen.

2. In einer separaten Schüssel das warme Wasser mit dem Haushaltszucker und Olivenöl verrühren, bis sich der Zucker auflöst. Die pürierten Kartoffeln hinzufügen und gut umrühren.

3. Die flüssige Kartoffelmischung zu den trockenen Zutaten geben und alles zu einem geschmeidigen Teig verkneten. Sollte der Teig zu klebrig sein, kannst du noch etwas Dinkelmehl hinzufügen.

4. Den Teig auf eine leicht bemehlte Arbeitsfläche geben und in 8 gleich große Teile teilen. Jedes Teil zu einem Brötchen formen und auf ein mit Backpapier ausgelegtes Backblech legen.

5. Die Brötchen mit einem scharfen Messer an der Oberseite kreuzweise einschneiden und leicht mit Olivenöl bepinseln. Anschließend mit ein paar Rosmarinnadeln bestreuen.

6. Im vorgeheizten Backofen bei 200 Grad 20-25 Minuten backen, bis die Brötchen goldbraun sind.

7. Die Brötchen aus dem Ofen nehmen und auf einem Kuchengitter abkühlen lassen. Guten Appetit.

Mandel-Zimt-Muffins

Zubereitungszeit: 35 Minuten
Portionen: 6 Muffins

Zutaten:

- 100 g Dinkelmehl
- 50 g gemahlene Mandeln
- 40 g Haushaltszucker
- 1/2 Päckchen Weinsteinbackpulver
- 1/4 TL Zimt
- 1 Prise Salz
- 125 ml Mandelmilch, ungesüßt
- 30 ml natives Olivenöl extra
- 1 Eigelb
- 1/2 TL Vanilleextrakt
- 1 EL Mandelblättchen

Zubereitung:

1. Heize den Ofen auf 180 Grad vor und bereite ein Muffinblech mit Förmchen vor.

2. In einer Schüssel mische Dinkelmehl, gemahlene Mandeln, Haushaltszucker, Weinsteinbackpulver, Zimt und eine Prise Salz.

3. In einer anderen Schüssel vermische Mandelmilch, Olivenöl, Eigelb und Vanilleextrakt.

4. Gib die flüssigen Zutaten zu den trockenen und rühre alles zu einem glatten Teig. Bitte nicht zu viel Rühren.

5. Verteile den Teig gleichmäßig auf die Muffinförmchen und streue die Mandelblättchen darüber.

6. Backe die Muffins 20-25 Minuten lang, bis sie goldbraun sind und ein Zahnstocher sauber herauskommt.

7. Lass die Muffins vor dem Servieren etwas abkühlen. Guten Appetit.

Kokosnuss-Scones

Zubereitungszeit: 35 Minuten
Portionen: 8 Scones

Zutaten:

- 250 g Dinkelmehl
- 100 ml Kokosmilch, ungesüßt
- 50 g Haushaltszucker
- 75 g Butter, kalt und in Würfel geschnitten
- 1 Bio-Ei Größe M
- 2 TL Weinsteinbackpulver
- 1 Prise Salz
- 50 g Kokosraspeln
- 1 EL Kokosöl für das Backblech
- 2 EL Mandelmilch, ungesüßt (zum Bestreichen)
- Einige Mandelblättchen zur Garnierung

Zubereitung:

1. Heize deinen Backofen auf 200 Grad vor. Bestreiche ein Backblech leicht mit Kokosöl.

2. In einer großen Schüssel vermische das Dinkelmehl, Weinsteinbackpulver, Haushaltszucker und Salz. Füge die kalte Butter hinzu und verknete sie mit den Händen vorsichtig unter die trockenen Zutaten, bis die Mischung krümelig wird.

3. Schlage das Ei in einer kleinen Schüssel auf und verquirle es mit der Kokosmilch. Gieße diese flüssige Mischung zu den trockenen Zutaten. Füge die Kokosraspeln hinzu und rühre alles zu einem geschmeidigen Teig.

4. Bestäube deine Arbeitsfläche leicht mit Dinkelmehl und knete den Teig sanft durch. Forme eine runde Teigplatte, etwa 2 cm dick. Mit einem scharfen Messer oder einem Teigroller teilst du die Platte in 8 gleich große Dreiecke.

5. Lege die Teigdreiecke auf das vorbereitete Backblech und bestreiche sie leicht mit Mandelmilch. Streue einige Mandelblättchen über die Scones für eine knusprige Oberfläche.

6. Backe die Scones für etwa 20 Minuten, bis sie goldbraun sind. Lass sie danach auf einem Gitter etwas abkühlen. Guten Appetit.

Quinoa-Cracker mit Sesam

Zubereitungszeit: 30 Minuten
Portionen: ca. 20 Cracker

Zutaten:
- 100 g Quinoa, gut gespült und abgetropft
- 50 g Sesamsamen
- 30 g Haferflocken
- 2 EL Chiasamen
- 1 TL Salz
- 1/2 TL Schwarzer Pfeffer, frisch gemahlen
- 1/4 TL Kurkuma, gemahlen
- 200 ml Wasser
- 2 EL natives Olivenöl extra

Zubereitung:
1. Heize deinen Ofen auf 180 Grad vor. Lege ein Backblech mit Backpapier aus.

2. In einem mittelgroßen Topf vermische die gespülte Quinoa mit 200 ml Wasser. Bringe das Ganze zum Kochen, reduziere dann die Hitze und lasse es für etwa 15 Minuten köcheln, bis die Quinoa weich ist und das Wasser vollständig aufgenommen wurde. Lasse sie anschließend etwas abkühlen.

3. In einer großen Schüssel mische die abgekühlte Quinoa, Sesamsamen, Haferflocken, Chiasamen, Salz, Pfeffer und Kurkuma. Gib das Olivenöl und eventuell noch ein wenig Wasser hinzu, falls die Masse zu trocken erscheint. Die Konsistenz sollte feucht genug sein, um zusammenzuhalten.

4. Verteile die Mischung gleichmäßig auf dem vorbereiteten Backblech. Drücke sie mit den Händen oder einem Löffel flach, bis sie etwa 5 mm dick ist.

5. Backe die Cracker für etwa 20 Minuten im Ofen, bis sie fest und an den Rändern leicht golden sind. Lasse sie komplett abkühlen, bevor du sie in Stücke brichst. Guten Appetit.

Haferkekse mit Cranberries

Zubereitungszeit: 30 Minuten
Portionen: ca. 20 Kekse

Zutaten:

- 150 g Haferflocken
- 100 g Dinkelmehl
- 50 g getrocknete Cranberries, grob gehackt
- 50 g Kokoschips
- 80 g Haushaltszucker
- 1 TL Weinsteinbackpulver
- 1 Prise Salz
- 100 ml Kokosmilch, ungesüßt
- 50 ml natives Olivenöl extra
- 1 Eigelb

Zubereitung:

1. Heize deinen Ofen auf 180 Grad vor. Lege ein Backblech mit Backpapier aus.

2. In einer großen Schüssel vermische die Haferflocken, Dinkelmehl, gehackte Cranberries, Kokoschips, Haushaltszucker, Weinsteinbackpulver und eine Prise Salz.

3. In einer anderen Schüssel vermische die Kokosmilch, das Olivenöl und das Eigelb, bis eine homogene Flüssigkeit entsteht.

4. Gieße die flüssige Mischung zu den trockenen Zutaten und rühre alles gut um, bis ein klebriger Teig entsteht.

5. Forme mit einem Löffel kleine Kekse und setze sie auf das vorbereitete Backblech. Achte darauf, etwas Abstand zwischen den Keksen zu lassen.

6. Backe die Kekse für etwa 15-20 Minuten im vorgeheizten Ofen oder bis sie goldbraun sind.

7. Lass die Kekse nach dem Backen auf einem Gitter komplett abkühlen. Guten Appetit.

Leinsamenbrot mit Macadamianüssen

Zubereitungszeit: 60 Minuten
Portionen: 1 Brotlaib

Zutaten:

- 250 g Dinkelmehl
- 50 g Leinsamen, geschrotet
- 50 g Macadamianüsse, grob gehackt
- 1 TL Salz
- 1 TL Weinsteinbackpulver
- 300 ml Hafermilch, ungesüßt
- 2 EL natives Olivenöl extra
- 2 EL Reissirup

Zubereitung:

1. Heize den Backofen auf 180 Grad vor. Bereite eine Brotbackform vor, indem du sie mit etwas Olivenöl einfettest und mit Dinkelmehl bestäubst.

2. In einer großen Schüssel das Dinkelmehl mit dem Salz und dem Weinsteinbackpulver vermischen. Die geschroteten Leinsamen und die grob gehackten Macadamianüsse hinzufügen und alles gut vermengen.

3. In einer anderen Schüssel die Hafermilch mit dem Olivenöl und dem Reissirup verrühren, bis eine homogene Flüssigkeit entsteht.

4. Die flüssigen Zutaten zu den trockenen geben und mit einem Holzlöffel zu einem gleichmäßigen Teig verrühren. Achte darauf, nicht zu lange zu rühren, um den Teig nicht zu überarbeiten.

5. Den Teig in die vorbereitete Brotbackform füllen und glatt streichen. Für eine knusprige Oberfläche kannst du ein paar zusätzliche Macadamianüsse auf dem Teig verteilen.

6. Das Brot im vorgeheizten Ofen für etwa 45 Minuten backen, bis es goldbraun ist und ein hineingestecktes Holzstäbchen sauber herauskommt.

7. Das Brot aus dem Ofen nehmen und in der Form etwas abkühlen lassen. Anschließend vorsichtig aus der Form lösen und auf einem Kuchengitter vollständig auskühlen lassen. Guten Appetit.

Maisbrot mit Chiasamen

Zubereitungszeit: 45 Minuten
Portionen: 1 Brotlaib

Zutaten:

- 200 g feines Maismehl
- 100 g Dinkelmehl
- 50 g Chiasamen
- 1 TL Salz
- 2 TL Weinsteinbackpulver

- 300 ml Hafermilch, ungesüßt
- 50 ml natives Olivenöl extra
- 2 EL Honig
- 2 Eigelb

Zubereitung:

1. Heize den Ofen auf 180 Grad vor. Fette eine Brotbackform leicht mit etwas Olivenöl ein.

2. In einer großen Schüssel vermischst du das Maismehl, Dinkelmehl, Chiasamen, Salz und Weinsteinbackpulver gründlich.

3. In einer anderen Schüssel verrührst du die Hafermilch, das Olivenöl, den Honig und die Eigelbe, bis alles gut vermischt ist.

4. Gib die flüssigen Zutaten zu den trockenen und rühre vorsichtig um, bis gerade so ein Teig entsteht. Achte darauf, nicht zu viel zu rühren, damit das Brot locker wird.

5. Fülle den Teig in die vorbereitete Form und glätte die Oberfläche leicht.

6. Backe das Brot für etwa 30-35 Minuten, oder bis ein Zahnstocher sauber herauskommt, wenn du ihn in die Mitte des Brotes steckst.

7. Lass das Brot in der Form für mindestens 15 Minuten abkühlen, bevor du es auf ein Kuchengitter stellst. Guten Appetit.

Roggen-Knäckebrot

Zubereitungszeit: 45 Minuten
Portionen: ca. 20 Stück

Zutaten:

- 200 g Roggenmehl
- 50 g Haferflocken
- 1 TL Salz
- 1 TL Weinsteinbackpulver
- 2 EL Leinsamen
- 2 EL Kürbiskerne
- 300 ml warmes Wasser
- 1 EL natives Olivenöl extra
- 1 EL Chiasamen

Zubereitung:

1. Heize den Ofen auf 180 Grad vor. Vermische in einer großen Schüssel das Roggenmehl, Haferflocken, Salz, Weinsteinbackpulver, Leinsamen und Kürbiskerne.

2. Gib das warme Wasser und Olivenöl hinzu und rühre alles gut um, bis ein klebriger Teig entsteht. Lasse den Teig für etwa 10 Minuten ruhen, damit die Chiasamen und Leinsamen aufquellen können.

3. Teile den Teig in zwei Hälften. Lege ein Backpapier auf ein Backblech und verteile eine Hälfte des Teigs darauf. Benutze einen Teigroller oder deine Hände, um den Teig gleichmäßig dünn auszubreiten. Je dünner der Teig, desto knuspriger wird das Knäckebrot.

4. Wiederhole den Vorgang mit der anderen Teighälfte auf einem zweiten Backblech.

5. Steche mit einer Gabel mehrere Löcher in den ausgerollten Teig, um zu verhindern, dass er beim Backen aufgeht.

6. Backe die Knäckebrote für etwa 25-30 Minuten im vorgeheizten Ofen, oder bis sie knusprig und leicht gebräunt sind.

7. Lasse das Knäckebrot nach dem Backen vollständig abkühlen, bevor du es in Stücke brichst. Guten Appetit.

Dinkel-Zwiebel-Bagels

Zubereitungszeit: 35 Minuten
Portionen: 6 Bagels

Zutaten:

- 500 g Dinkelmehl
- 1 TL Salz
- 2 TL Weinsteinbackpulver
- 250 ml warmes Wasser
- 1 EL natives Olivenöl extra
- 2 mittelgroße Zwiebeln, fein gewürfelt
- 1 EL frischer Thymian, fein gehackt
- 1 Eigelb, zum Bestreichen
- Sesamsamen, zum Bestreuen

Zubereitung:

1. In einer großen Schüssel das Dinkelmehl mit dem Salz und dem Weinsteinbackpulver vermischen. Langsam das warme Wasser und das Olivenöl hinzugeben und alles zu einem geschmeidigen Teig verkneten. Bei Bedarf etwas mehr Mehl oder Wasser hinzufügen, bis der Teig die richtige Konsistenz hat.

2. Den Teig auf einer bemehlten Arbeitsfläche etwa 5 Minuten lang kräftig durchkneten. Anschließend zurück in die Schüssel legen, mit einem sauberen Tuch abdecken und an einem warmen Ort 10 Minuten ruhen lassen.

3. Währenddessen in einer Pfanne bei mittlerer Hitze die Zwiebelwürfel mit einem EL Olivenöl etwa 5-7 Minuten anbraten, bis sie glasig sind. Den Thymian hinzugeben und weitere 2 Minuten braten. Die Pfanne vom Herd nehmen und die Mischung etwas abkühlen lassen.

4. Den Teig nochmals kurz durchkneten und die Zwiebel-Thymian-Mischung gleichmäßig unterarbeiten. Den Teig in 6 gleich große Portionen teilen.

5. Jede Portion zu einer Kugel formen, dann mit dem Finger ein Loch in die Mitte drücken und vorsichtig zu einem Bagel formen. Die Bagels auf ein mit Backpapier ausgelegtes Backblech legen.

6. Den Backofen auf 220 Grad vorheizen.

7. Das Eigelb mit einem EL Wasser verquirlen und die Bagels damit bestreichen. Anschließend mit Sesamsamen bestreuen.

8. Die Bagels im vorgeheizten Ofen für etwa 15-20 Minuten backen, bis sie goldbraun sind.

9. Die Bagels aus dem Ofen nehmen und auf einem Gitter abkühlen lassen. Guten Appetit.

Haferflocken-Rosinen-Brot

Zubereitungszeit: 45 Minuten
Portionen: 1 Brotlaib

Zutaten:

- 200 g Haferflocken, fein ge-
  mahlen
- 100 g Dinkelvollkornmehl
- 1 TL Weinsteinbackpulver
- 1/2 TL Salz
- 1 TL Zimt
- 50 g Rosinen, zuvor in war-
  mem Wasser eingeweicht
- 2 EL Leinsamen, geschrotet
- 300 ml Hafermilch, ungesüßt
- 2 EL natives Olivenöl extra
- 2 EL Honig

Zubereitung:

1. Heize deinen Ofen auf 180 Grad vor. Lege eine Kastenform mit Backpapier aus oder fette sie leicht mit etwas Olivenöl ein.

2. In einer großen Schüssel vermische die gemahlenen Haferflocken, Dinkelvollkornmehl, Weinsteinbackpulver, Salz und Zimt gründlich.

3. Gib die eingeweichten Rosinen (vorher gut abgetropft) und geschroteten Leinsamen dazu und rühre alles gut um.

4. In einer anderen Schüssel verquirle die Hafermilch mit dem Olivenöl und Honig, bis alles gut vermischt ist. Gieße diese flüssige Mischung dann zu den trockenen Zutaten und rühre alles zu einem gleichmäßigen Teig zusammen.

5. Fülle den Teig in die vorbereitete Kastenform und glätte die Oberfläche mit einem Löffel oder Spatel.

6. Backe das Brot im vorgeheizten Ofen für etwa 30-35 Minuten, oder bis ein eingesetzter Zahnstocher sauber herauskommt.

7. Lasse das Brot vor dem Anschneiden in der Form etwas abkühlen, dann stürze es auf ein Gitter und lass es vollständig auskühlen. Guten Appetit.

Hirse-Pfannenbrot

Zubereitungszeit: 35 Minuten
Portionen: 2 große Brote

Zutaten:

- 150 g Hirsemehl
- 100 g Reismehl
- 1 TL Weinsteinbackpulver
- 1/2 TL Salz
- 350 ml Wasser
- 1 EL natives Olivenöl extra, plus zusätzlich zum Braten

- 100 g Zucchini, fein geraspelt
- 100 g Karotten, fein geraspelt
- 2 EL frische Petersilie, fein gehackt
- 1 EL frischer Schnittlauch, in feine Röllchen geschnitten

Zubereitung:

1. In einer großen Schüssel Hirsemehl, Reismehl, Weinsteinbackpulver und Salz vermischen. Nach und nach das Wasser einrühren, bis ein glatter Teig entsteht. Falls nötig, etwas mehr Wasser hinzufügen, damit der Teig eine geschmeidige Konsistenz bekommt.

2. Olivenöl, geraspelte Zucchini, geraspelte Karotten, gehackte Petersilie und Schnittlauch zum Teig hinzufügen. Alles gründlich vermengen, sodass die Gemüse gleichmäßig im Teig verteilt sind.

3. Eine Pfanne bei mittlerer Hitze mit einem Schuss Olivenöl erhitzen. Sobald die Pfanne heiß ist, einen Teil des Teiges hineingeben und zu einem flachen Brot formen. Lass das Brot etwa 4-5 Minuten von jeder Seite braten, bis es goldbraun und knusprig ist. Wiederhole den Vorgang mit dem restlichen Teig.

4. Die fertigen Pfannenbrote auf Küchenpapier ablegen, um überschüssiges Öl aufzunehmen.

5. Die Pfannenbrote können warm oder bei Raumtemperatur serviert werden und eignen sich hervorragend als Beilage zu verschiedenen Gerichten oder als eigenständige Mahlzeit mit einem frischen Salat oder einem Dip nach Wahl. Guten Appetit.

Amaranth-Pfannenbrot

Zubereitungszeit: 30 Minuten
Portionen: 2 große Brote

Zutaten:

- 200 g Amaranthmehl
- 50 g Haferflocken, fein gemahlen
- 1 TL Weinsteinbackpulver
- 1/2 TL Salz
- 300 ml Wasser
- 2 EL natives Olivenöl extra
- 1 EL frische Petersilie, fein gehackt
- 1 EL frischer Basilikum, fein gehackt
- 1 EL frischer Thymian, Blätter abgezupft
- natives Olivenöl extra zum Braten

Zubereitung:

1. In einer großen Schüssel Amaranthmehl, gemahlene Haferflocken, Weinsteinbackpulver und Salz vermischen. Langsam das Wasser hinzufügen und gut umrühren, bis ein geschmeidiger Teig entsteht. Sollte der Teig zu dick sein, kannst du noch etwas Wasser hinzufügen, bis die Konsistenz stimmt.

2. Das Olivenöl und die gehackten Kräuter (Petersilie, Basilikum, Thymian) unter den Teig heben und alles gut vermengen, sodass die Kräuter gleichmäßig verteilt sind.

3. Eine Pfanne bei mittlerer Hitze mit etwas Olivenöl erhitzen. Sobald die Pfanne heiß ist, einen Teil des Teiges hineingeben und zu einem flachen Brot formen. Etwa 4-5 Minuten von jeder Seite goldbraun und knusprig braten. Wiederhole den Vorgang mit dem restlichen Teig.

4. Die fertigen Amaranth-Pfannenbrote auf einem Küchenpapier abtropfen lassen, um überschüssiges Öl zu entfernen.

5. Serviere die Pfannenbrote warm oder bei Raumtemperatur. Sie passen hervorragend zu frischen Salaten oder als Beilage zu Suppen. Guten Appetit.

Reiswaffeln mit Thymian

Zubereitungszeit: 40 Minuten
Portionen: 8 Stück

Zutaten:

- 200 g Reismehl
- 2 EL frischer Thymian, fein gehackt
- 1 TL Salz
- 1/4 TL Schwarzer Pfeffer, frisch gemahlen
- 2 EL natives Olivenöl extra
- 300 ml Wasser
- 2 TL Weinsteinbackpulver

Zubereitung:

1. Heize den Backofen auf 180 Grad vor und lege ein Backblech mit Backpapier aus.

2. In einer großen Schüssel vermische das Reismehl, den frisch gehackten Thymian, Salz und Schwarzen Pfeffer.

3. Füge das Olivenöl und Wasser hinzu und verrühre alles zu einem glatten Teig. Lasse den Teig für etwa 5 Minuten ruhen, damit das Reismehl das Wasser aufnehmen kann.

4. Rühre das Weinsteinbackpulver unter den Teig, bis es gleichmäßig verteilt ist.

5. Teile den Teig in acht gleich große Portionen und forme jede Portion zu einer Kugel. Lege die Teigkugeln auf das vorbereitete Backblech und drücke sie vorsichtig flach, sodass sie die Form von Waffeln erhalten.

6. Backe die Reiswaffeln im vorgeheizten Backofen für 20-25 Minuten oder bis sie goldbraun und knusprig sind.

7. Lasse die Reiswaffeln auf einem Kuchengitter abkühlen, bevor du sie servierst. Guten Appetit.

Desserts

Gebackene Apfelspalten mit Zimt

Zubereitungszeit: 20 Minuten
Portionen: 1 Person

Zutaten:

- 1 Apfel, entkernt und in Spalten geschnitten
- 1 TL Zimt
- 2 EL Haferflocken
- 1 EL Honig
- 1 EL Kokosöl, geschmolzen
- 1 Prise Salz
- 50 ml Mandelmilch, ungesüßt
- 1 EL Mandeln, gehackt

Zubereitung:

1. Heize deinen Ofen auf 180 Grad vor. Lege ein Backblech mit Backpapier aus und verteile darauf die Apfelspalten.

2. In einer kleinen Schüssel vermische das Kokosöl mit dem Honig, Zimt und einer Prise Salz. Gieße diese Mischung gleichmäßig über die Apfelspalten.

3. Bestreue die mit der Zimtmischung bedeckten Apfelspalten mit den Haferflocken und den gehackten Mandeln.

4. Backe die Apfelspalten im vorgeheizten Ofen für etwa 15 Minuten oder bis sie weich sind.

5. Währenddessen erwärme die Mandelmilch in einem kleinen Topf, aber lass sie nicht kochen.

6. Sobald die Apfelspalten fertig gebacken sind, serviere sie warm und gieße die warme Mandelmilch darüber. Guten Appetit.

Kokosmilchreis mit Mango

Zubereitungszeit: 25 Minuten
Portionen: 1 Person

Zutaten:

- 50 g Rundkornreis
- 250 ml Kokosmilch, ungesüßt
- 1/2 reife Mango, gewürfelt
- 1 TL Honig
- 1/4 TL Zimt
- 1 EL gehackte Mandeln

Zubereitung:

1. Den Rundkornreis gründlich unter fließendem Wasser abspülen, bis das Wasser klar bleibt.

2. In einem kleinen Topf die Kokosmilch bei mittlerer Hitze zum Kochen bringen. Den abgespülten Reis hinzufügen und die Hitze reduzieren. Den Reis unter gelegentlichem Rühren 20 Minuten sanft köcheln lassen, bis er weich und die Mischung cremig ist.

3. Während der Reis kocht, die Mango schälen und in kleine Würfel schneiden.

4. Den Honig und Zimt unter den noch warmen Milchreis rühren.

5. Den fertigen Milchreis in eine Schüssel geben und mit den Mangowürfeln toppen. Für einen zusätzlichen Crunch und nussigen Geschmack die gehackten Mandeln darüberstreuen.

6. Vor dem Servieren den Milchreis einige Minuten abkühlen lassen. Guten Appetit.

Vanillepudding mit Brombeersauce

Zubereitungszeit: 20 Minuten
Portionen: 1 Person

Zutaten:

- **Für den Vanillepudding:**
- 250 ml Hafermilch, ungesüßt
- 20 g Dinkelmehl
- 1 TL Vanille, gemahlen
- 2 TL Haushaltszucker

- **Für die Brombeersauce:**
- 100 g Brombeeren, frisch
- 1 EL Haushaltszucker
- 2 EL Wasser

Zubereitung:

1. Beginne mit dem Vanillepudding. Vermische in einem kleinen Topf das Dinkelmehl mit ein wenig Hafermilch zu einer glatten Paste. Füge dann die restliche Hafermilch, die gemahlene Vanille und den Haushaltszucker hinzu. Rühre stetig bei mittlerer Hitze, bis die Mischung dickflüssig wird. Sobald der Pudding die gewünschte Konsistenz erreicht hat, nimm den Topf vom Herd.

2. Gieße den warmen Pudding in eine kleine Schüssel oder in ein Dessertglas und lasse ihn etwas abkühlen. Währenddessen kannst du die Brombeersauce zubereiten.

3. Für die Brombeersauce gibst du die Brombeeren, den Haushaltszucker und das Wasser in einen kleinen Topf. Erhitze die Mischung bei niedriger Temperatur, während du gelegentlich umrührst, bis die Brombeeren weich geworden sind und eine sämige Sauce entsteht. Dies dauert etwa 5-7 Minuten.

4. Sobald die Brombeeren die richtige Konsistenz erreicht haben, nimm den Topf vom Herd.

5. Lasse die Brombeersauce kurz abkühlen, bevor du sie über den Vanillepudding gießt. Guten Appetit.

Rhabarberkuchen mit Baiserhaube

Zubereitungszeit: 45 Minuten
Portionen: 1 Person

Zutaten:

- 150 g Rhabarber, in kleine Stücke geschnitten
- 30 g Dinkelmehl
- 1/4 TL Weinsteinbackpulver
- 20 g Rohrzucker für den Teig
- 10 g Rohrzucker für den Rhabarber
- 1 Eiweiß
- 15 g Honig für die Baiserhaube
- 20 ml Hafermilch, ungesüßt
- 1/4 TL Vanille, gemahlen
- 1 Prise Salz

Zubereitung:

1. Heize deinen Backofen auf 180 Grad vor. Vermische in einer Schüssel das Dinkelmehl, Weinsteinbackpulver, 20 g Rohrzucker, Vanille und eine Prise Salz.

2. Gib die Hafermilch hinzu und verrühre alles zu einem glatten Teig. Fette eine kleine Backform ein und verteile den Teig gleichmäßig auf dem Boden.

3. In einer anderen Schüssel mische den Rhabarber mit 10 g Rohrzucker. Lasse es für etwa 5 Minuten ziehen, damit der Rhabarber etwas Saft lässt.

4. Verteile den Rhabarber gleichmäßig auf dem Teig. Backe den Kuchen für 20 Minuten im vorgeheizten Ofen.

5. Währenddessen schlage das Eiweiß steif. Sobald es anfängt, feste Spitzen zu bilden, füge nach und nach den Honig hinzu und schlage weiter, bis eine glänzende Baiser-Masse entsteht.

6. Nimm den Kuchen aus dem Ofen. Verteile die Baiser-Masse vorsichtig auf dem vorgebackenen Kuchen. Verwende einen Löffel oder ein Messer, um Spitzen zu formen.

7. Reduziere die Ofentemperatur auf 160 Grad und backe den Kuchen für weitere 10-15 Minuten, oder bis die Baiserhaube goldbraun ist.

8. Lasse den Kuchen vor dem Servieren komplett abkühlen. Guten Appetit.

Wassermelonen-Sorbet mit Minze

Zubereitungszeit: 20 Minuten + 4 Stunden Gefrierzeit
Portionen: 1 Person

Zutaten:

- 300 g Wassermelone, geschält und in Würfel geschnitten
- 1 EL Honig
- 1 TL frische Minze, fein gehackt
- 50 ml Wasser

Zubereitung:

1. Beginne damit, die Wassermelonenwürfel auf einem Backblech auszulegen und für mindestens 4 Stunden einzufrieren, bis sie komplett durchgefroren sind.

2. Nachdem die Wassermelone gefroren ist, gib die Würfel in einen leistungsstarken Mixer. Füge den Honig und das Wasser hinzu.

3. Mixe alles auf höchster Stufe, bis eine gleichmäßig cremige Konsistenz entsteht. Sollte die Mischung zu fest sein, kannst du nach und nach ein wenig mehr Wasser hinzufügen, bis die gewünschte Konsistenz erreicht ist.

4. Kurz bevor du das Sorbet fertig mixt, gib die frisch gehackte Minze dazu und mixe noch einmal kurz, um die Minze gleichmäßig zu verteilen.

5. Serviere das Sorbet sofort oder friere es für ein festeres Sorbet nochmals für 30-60 Minuten ein. Guten Appetit.

Aprikosen-Clafoutis

Zubereitungszeit: 35 Minuten
Portionen: 1 Person

Zutaten:

- 3 frische Aprikosen, entkernt und geviertelt
- 1 Bio-Ei Größe M
- 30 ml Mandelmilch, ungesüßt
- 20 g Dinkelmehl
- 1 EL Rohrzucker
- 1/4 TL Vanille, gemahlen
- Eine Prise Salz
- Etwas Butter zum Einfetten der Form
- 1 TL Honig zum Beträufeln
- Einige frische Minzblätter, zur Garnierung

Zubereitung:

1. Heize den Backofen auf 180 Grad vor und fette eine kleine, ofenfeste Form mit etwas Butter ein.

2. In einer Schüssel das Ei mit Mandelmilch, Rohrzucker, gemahlener Vanille und einer Prise Salz verquirlen. Sobald die Mischung homogen ist, das Dinkelmehl einrühren, bis ein glatter Teig entsteht.

3. Die Aprikosenstücke gleichmäßig auf dem Boden der vorbereiteten Form verteilen. Gieße die Teigmischung vorsichtig über die Aprikosen.

4. Backe den Clafoutis im vorgeheizten Ofen für etwa 25 Minuten, oder bis er fest ist und eine goldbraune Farbe annimmt.

5. Lasse den Clafoutis für einige Minuten abkühlen, dann beträufle ihn mit Honig und garniere mit frischen Minzblättern. Guten Appetit.

Heidelbeer-Joghurt-Torte

Zubereitungszeit: 45 Minuten
Portionen: 1 kleine Torte, Durchmesser ca. 15 cm

Zutaten:

- 100 g Haferflocken
- 2 EL Kokosöl, geschmolzen
- 1 EL Honig
- 100 g frischer Joghurt
- 100 g frische Heidelbeeren
- 1 TL Vanilleextrakt
- 1 EL Chiasamen
- 2 EL Wasser
- Einige Minzblätter zur Garnierung

Zubereitung:

1. Beginne mit dem Boden der Torte. Vermische in einer Schüssel die Haferflocken, das geschmolzene Kokosöl und den Honig. Knete die Mischung gut durch, bis alles gleichmäßig feucht ist.

2. Presse die Haferflockenmischung in eine kleine, mit Backpapier ausgelegte Springform (ca. 15 cm Durchmesser), um den Boden der Torte zu formen. Drücke sie fest an, damit sie beim Schneiden der Torte nicht bröckelt. Stelle die Form für etwa 15 Minuten in den Kühlschrank, damit der Boden fest wird.

3. Während der Boden im Kühlschrank ist, bereite die Joghurtfüllung vor. Vermische in einer anderen Schüssel den Joghurt mit dem Vanilleextrakt. In einem kleinen Topf weiche die Chiasamen in 2 EL Wasser für etwa 10 Minuten ein, bis sie gequollen sind. Rühre dann die Chiasamen unter die Joghurtmasse.

4. Verteile die Hälfte der Heidelbeeren gleichmäßig auf dem fest gewordenen Haferflockenboden. Gieße dann die Joghurt-Chiasamen-Mischung darüber und glätte sie mit einem Löffel.

5. Stelle die Torte für mindestens 30 Minuten in den Kühlschrank, damit die Füllung fest werden kann.

6. Kurz bevor du die Torte servierst, verteile die restlichen Heidelbeeren auf der Joghurtmasse und garniere sie mit einigen Minzblättern. Guten Appetit.

Mandel-Panna Cotta mit Kirschsauce

Zubereitungszeit: 25 Minuten
Portionen: 1 Person

Zutaten:

- 200 ml Mandelmilch, ungesüßt
- 2 EL Chiasamen
- 2 EL Rohrzucker
- 1/2 Vanilleschote, Mark ausgekratzt
- 100 ml Kokosmilch, ungesüßt
- 50 g Sauerkirschen (frisch oder gefroren)
- 1 EL Honig
- 1 TL Speisestärke
- 2 EL Wasser

Zubereitung:

1. Vermische die Mandelmilch mit Chiasamen, 1 EL Rohrzucker und dem Vanillemark in einer Schüssel. Rühre gut um, damit sich alles gleichmäßig verteilt. Lasse die Mischung für etwa 10 Minuten stehen, damit die Chiasamen quellen können und die Mischung zu gelieren beginnt. Rühre gelegentlich um, um Klumpenbildung zu vermeiden.

2. Gib die Kokosmilch hinzu und verrühre alles gründlich. Gieße die Mischung dann in eine kleine Form oder ein Glas und stelle es für mindestens 3 Stunden in den Kühlschrank, bis die Panna Cotta fest geworden ist.

3. Für die Kirschsauce die Sauerkirschen mit dem Honig und dem restlichen EL Rohrzucker in einem kleinen Topf erhitzen. Lasse die Kirschen bei mittlerer Hitze für etwa 10 Minuten köcheln, bis sie weich werden.

4. Vermische die Speisestärke mit 2 EL Wasser in einer kleinen Schüssel, bis keine Klümpchen mehr vorhanden sind. Gib die Mischung zu den köchelnden Kirschen und rühre um, bis die Sauce andickt. Nimm sie dann vom Herd.

5. Sobald die Panna Cotta fest ist, gieße die Kirschsauce darüber. Lasse es nochmals für etwa 10 Minuten im Kühlschrank kühlen. Guten Appetit.

Pfirsich-Tarte mit Mandelkruste

Zubereitungszeit: 35 Minuten
Portionen: 1 Person

Zutaten:

- 1 mittelgroßer Pfirsich, ent- steint und in dünne Spalten geschnitten
- 30 g Mandeln, gemahlen
- 20 g Dinkelmehl
- 15 g kalte Butter
- 1 EL Haushaltszucker
- 1 Prise Salz
- 2 EL Mandelmilch, ungesüßt
- 1 TL Honig
- 1/4 TL Vanille
- 1 Prise Zimt

Zubereitung:

1. Heize den Ofen auf 180 Grad vor. In einer kleinen Schüssel vermische die gemahlenen Mandeln, Dinkelmehl, Haushaltszucker und Salz. Füge die kalte Butter hinzu und verknete alles schnell zu einem krümeligen Teig.

2. Gib 1 EL Mandelmilch hinzu und arbeite sie ein, bis der Teig zusammenhält. Falls der Teig zu trocken ist, füge noch einen kleinen Schluck Mandelmilch hinzu. Der Teig sollte formbar, aber nicht klebrig sein.

3. Drücke den Teig in eine kleine, runde Backform (ca. 12 cm Durchmesser), die leicht mit Butter eingefettet ist, sodass ein Rand entsteht. Vorbacken für etwa 10 Minuten, bis die Ränder leicht goldbraun sind.

4. Während der Teig vorbackt, vermische in einer kleinen Schüssel die Pfirsichspalten mit Honig, Vanille und Zimt. Achte darauf, dass die Pfirsichspalten gut mit der Mischung überzogen sind.

5. Nimm die Form aus dem Ofen und lege die Pfirsichspalten kreisförmig auf den vorgebackenen Teig. Die Spitzen der Spalten sollten leicht nach oben zeigen.

6. Backe die Tarte für weitere 15-20 Minuten, bis die Pfirsiche weich und der Rand der Tarte goldbraun und knusprig ist.

7. Lasse die Tarte vor dem Verzehr einige Minuten abkühlen. Guten Appetit.

Kirschkuchen mit Streuseln

Zubereitungszeit: 35 Minuten
Portionen: 1 Person

Zutaten:

- **Für den Teig:**
- 50 g Dinkelmehl
- 1 TL Weinsteinbackpulver
- 1 EL Haushaltszucker
- 25 ml Mandelmilch, ungesüßt
- 1 EL geschmolzene Butter
- Eine Prise Salz
- **Für die Füllung:**
- 100 g frische Kirschen, entsteint und halbiert
- **Für die Streusel:**
- 2 EL Dinkelmehl
- 1 EL kalte Butter, in kleine Würfel geschnitten
- 1 EL Rohrzucker
- Eine Prise Zimt

Zubereitung:

1. Heize deinen Ofen auf 180 Grad vor. Bereite eine kleine Backform (etwa 12 cm Durchmesser) vor, indem du sie einfettest oder mit Backpapier auslegst.

2. Für den Teig vermische in einer Schüssel das Dinkelmehl, Weinsteinbackpulver, Haushaltszucker und Salz. Gib die Mandelmilch und die geschmolzene Butter hinzu. Rühre alles zu einem glatten Teig. Verteile den Teig gleichmäßig in der vorbereiteten Form.

3. Verteile die Kirschen gleichmäßig auf dem Teig.

4. Für die Streusel mische in einer kleinen Schüssel das Dinkelmehl, den Rohrzucker und Zimt. Füge die Butterwürfel hinzu und verknete sie mit den trockenen Zutaten, bis grobe Krümel entstehen. Streue die Streusel über die Kirschen.

5. Backe den Kuchen für etwa 25 Minuten im vorgeheizten Ofen, oder bis die Streusel goldbraun sind und der Teig durchgebacken ist.

6. Lass den Kuchen vor dem Servieren etwas abkühlen. Guten Appetit.

Apfel-Zimt-Muffins

Zubereitungszeit: 30 Minuten
Portionen: 6 Muffins

Zutaten:

- 1 Apfel, geschält und in kleine Würfel geschnitten
- 120 ml Hafermilch, ungesüßt
- 1 EL natives Olivenöl extra
- 75 g Dinkelmehl
- 1/2 TL Weinsteinbackpulver
- 1/4 TL Zimt
- 1 EL Rohrzucker
- 1 Prise Salz
- 1 EL Mandeln, gehackt

Zubereitung:

1. Heize deinen Ofen auf 180 Grad vor und lege eine Muffinform mit Papierförmchen aus.

2. In einer Schüssel vermische das Dinkelmehl, Weinsteinbackpulver, Zimt, Rohrzucker und Salz gründlich.

3. Füge die Hafermilch und das Olivenöl hinzu und rühre, bis sich alles gut vermischt hat. Achte darauf, nicht zu viel zu rühren, damit die Muffins locker werden.

4. Hebe die Apfelwürfel sanft unter den Teig, sodass sie gleichmäßig verteilt sind.

5. Verteile den Teig gleichmäßig auf die Muffinförmchen. Jedes Förmchen sollte zu etwa 3/4 gefüllt sein.

6. Streue die gehackten Mandeln über die Teigoberfläche jedes Muffins.

7. Backe die Muffins für etwa 20-25 Minuten im Ofen, bis sie goldbraun sind und ein Zahnstocher sauber herauskommt, wenn du ihn in die Mitte eines Muffins steckst.

8. Lasse die Muffins vor dem Verzehr ein paar Minuten abkühlen. Guten Appetit.

Erdmandel-Cookies mit Apfelstückchen

Zubereitungszeit: 30 Minuten
Portionen: ca. 12 Cookies

Zutaten:

- 100 g Erdmandelmehl
- 50 g Dinkelmehl
- 1/2 TL Weinsteinbackpulver
- Eine Prise Salz
- 40 g Haushaltszucker
- 1 mittelgroßer Apfel, geschält und in kleine Stücke gewürfelt
- 2 EL geschmolzene Butter
- 1 Eigelb
- 2 EL Hafermilch, ungesüßt
- 1/2 TL Vanille

Zubereitung:

1. Heize deinen Ofen auf 180 Grad vor und lege ein Backblech mit Backpapier aus.

2. In einer Schüssel vermischst du Erdmandelmehl, Dinkelmehl, Weinsteinbackpulver und Salz. Gib dann den Haushaltszucker hinzu und rühre alles gut durch.

3. Schäle den Apfel, würfle ihn in kleine Stücke und füge diese zur Mehlmischung hinzu. Vermische sie vorsichtig, damit sie gleichmäßig in der Mischung verteilt sind.

4. In einer anderen Schüssel verrührst du die geschmolzene Butter, das Eigelb, die Hafermilch und die Vanille, bis eine homogene Masse entsteht.

5. Vermische nun die flüssigen Zutaten mit den trockenen Zutaten und knete den Teig, bis er geschmeidig ist. Sollte der Teig zu trocken sein, kannst du noch ein wenig Hafermilch hinzufügen.

6. Forme mit den Händen kleine Teigkugeln und lege sie auf das vorbereitete Backblech. Drücke jede Kugel leicht flach, um die typische Cookie-Form zu erhalten.

7. Backe die Cookies für ca. 15 Minuten oder bis sie an den Rändern leicht goldbraun sind.

8. Lasse die Cookies auf dem Blech für ein paar Minuten abkühlen, bevor du sie auf ein Kuchengitter legst, damit sie vollständig auskühlen können. Guten Appetit.

Quarkknödel mit Sauerkirschfüllung

Zubereitungszeit: 30 Minuten
Portionen: 1 Person

Zutaten:

- 125 g fettarmer Quark
- 30 g Dinkelmehl
- 1 EL Haferflocken, fein gemahlen
- 1 Eigelb
- 1 TL Honig
- Eine Prise Salz
- 50 g Sauerkirschen (frisch oder aus dem Glas, aber gut abgetropft)
- 1 TL Butter zum Anbraten
- 1 TL Puderzucker
- Einige Blätter frische Minze zur Garnierung

Zubereitung:

1. Vermische den Quark, Dinkelmehl, gemahlene Haferflocken, Eigelb, Honig und eine Prise Salz in einer Schüssel, bis eine gleichmäßige Masse entsteht.

2. Feuchte deine Hände leicht an, um die Masse besser formen zu können. Teile die Masse in zwei Teile. Flache einen Teil in deiner Handfläche ab und lege einige Sauerkirschen in die Mitte. Forme den Teig vorsichtig um die Kirschen herum, sodass ein Knödel entsteht. Wiederhole den Vorgang mit dem anderen Teil der Masse.

3. Bring in einem Topf leicht gesalzenes Wasser zum Kochen. Reduziere die Hitze, sodass das Wasser nur noch leicht köchelt. Gib die Knödel vorsichtig ins Wasser und lasse sie etwa 10-12 Minuten ziehen, bis sie an die Oberfläche steigen. Sie sind fertig, wenn sie fest, aber dennoch zart sind.

4. In der Zwischenzeit erhitzt du die Butter in einer Pfanne bei mittlerer Hitze. Nimm die Knödel mit einer Schaumkelle aus dem Wasser und lasse sie kurz abtropfen. Brate sie dann in der Butter von allen Seiten goldbraun an.

5. Serviere die Quarkknödel mit ein wenig Puderzucker bestreut und garniere sie mit Minzblättern. Guten Appetit.

Pfannkuchen mit Johannisbeeren

Zubereitungszeit: 20 Minuten
Portionen: 1 Person

Zutaten:

- 50 g Tigernussmehl
- 1 Bio-Ei Größe M, getrennt
- 75 ml Mandelmilch, ungesüßt
- 1 TL Weinsteinbackpulver
- 1 Prise Salz
- 1 TL natives Olivenöl extra, plus etwas mehr zum Braten
- 2 EL frische Johannisbeeren
- 1 TL Honig oder nach Geschmack
- 1 EL gehackte Mandeln

Zubereitung:

1. In einer Schüssel das Tigernussmehl mit dem Backpulver und Salz vermischen.

2. Das Eigelb mit der Mandelmilch und 1 TL Olivenöl glatt rühren. Diese Mischung zu den trockenen Zutaten geben und gut verrühren, bis ein glatter Teig entsteht.

3. In einer separaten Schüssel das Eiweiß zu steifem Schnee schlagen. Den Eischnee vorsichtig unter die Teigmischung heben, um den Teig luftig zu machen.

4. Eine Pfanne mit etwas Olivenöl erhitzen. Sobald das Öl heiß ist, einen großen Löffel Teig in die Pfanne geben und flach streichen, um einen Pfannkuchen zu formen. Jede Seite 2-3 Minuten anbraten, bis der Pfannkuchen goldbraun ist. Wiederhole diesen Schritt für den zweiten Pfannkuchen.

5. Die Pfannkuchen auf einem Teller anrichten, mit Johannisbeeren, gehackten Mandeln bestreuen und mit Honig beträufeln. Guten Appetit.

Aprikosen-Quinoa-Crumble

Zubereitungszeit: 30 Minuten
Portionen: 1 Person

Zutaten:

- 100 g Aprikosen, entsteint und geviertelt
- 50 g Quinoa, gekocht und abgekühlt
- 1 TL Honig
- 1/4 TL Zimt
- 1 EL Kokosöl, geschmolzen
- 2 EL Haferflocken
- 1 EL gehackte Mandeln
- 100 g frischer Joghurt
- 1/2 TL Vanille

Zubereitung:

1. Den Ofen auf 180 Grad vorheizen. Eine kleine Auflaufform mit etwas Kokosöl einfetten.

2. In einer Schüssel die geviertelten Aprikosen mit Honig und Zimt mischen. Die Mischung gleichmäßig in der vorbereiteten Auflaufform verteilen.

3. In einer anderen Schüssel die Quinoa, Haferflocken, gehackte Mandeln und geschmolzenes Kokosöl vermischen, bis alles gut vermischt ist. Diese Mischung über die Aprikosen streuen, um eine gleichmäßige Schicht zu bilden.

4. Den Crumble im vorgeheizten Ofen etwa 20 Minuten backen, bis die Oberfläche goldbraun und knusprig ist.

5. Währenddessen den Joghurt mit der Vanille mischen und kaltstellen.

6. Den fertigen Crumble kurz abkühlen lassen, dann mit einem großen Löffel Vanillejoghurt servieren. Guten Appetit.

FODMAP-arme Ernährung

Vorwort

Liebe Leserin, lieber Leser,

dieses Kochbuch ist dein Wegweiser zu einem Leben voller Genuss und Wohlbefinden, angepasst an die Bedürfnisse und Herausforderungen einer FODMAP-armen Ernährung (FODMAP-Diät). Geschrieben mit Leidenschaft und einem tiefen Verständnis für die Feinheiten der Ernährung, zielt es darauf ab, dir nicht nur das Kochen zu erleichtern, sondern auch deine Beziehung zum Essen neu zu definieren.

Viele haben Bedenken, dass eine FODMAP-arme Ernährung kompliziert und einschränkend ist. Aber ich bin hier, um dir zu zeigen, dass es ganz anders sein kann. Ich sehe es als meine Aufgabe, dir zu zeigen, dass es unzählige Möglichkeiten gibt, lecker und gesund zu kochen, ohne dabei auf Geschmack oder Vielfalt verzichten zu müssen. Mit jedem Rezept in diesem Buch möchte ich dir die Tür zu einer Ernährungsweise öffnen, die ebenso inspirierend wie ausgewogen ist.

Mit jedem Gericht, das du zubereitest, wirst du mehr über die Zutaten, ihre Auswirkungen und die besten Kombinationsmöglichkeiten erfahren. Dieses Wissen wird dir nicht nur in der Küche, sondern auch in deinem alltäglichen Leben eine große Hilfe sein.

Ich wünsche dir viel Erfolg und Freude beim Kochen und Genießen dieser Gerichte. Möge dieses Buch ein wertvoller Begleiter auf deinem Weg zu einem erfüllten Leben sein.

Mit herzlichen Grüßen,

Vanessa Zimmermann

Frühstück

Quinoa-Pudding mit Himbeeren

Zubereitungszeit: 25 Minuten
Portionen: 1 Person

Zutaten:

- 50 g Quinoa, gut gespült und abgetropft
- 200 ml laktosefreie Milch, ungesüßt
- Eine Prise Salz
- 1 TL Ahornsirup
- 1/2 TL Vanilleextrakt
- 100 g Himbeeren, frisch oder gefroren
- Einige Minzblätter zum Garnieren

Zubereitung:

1. Gib die Quinoa zusammen mit der laktosefreien Milch und einer Prise Salz in einen kleinen Topf. Bringe die Mischung zum Kochen, reduziere dann die Hitze und lasse sie bei niedriger Temperatur etwa 15 Minuten köcheln. Rühre gelegentlich um, um sicherzustellen, dass die Quinoa nicht am Boden des Topfes anhaftet.

2. Wenn die Quinoa weich ist und die meiste Flüssigkeit aufgenommen hat, nimm den Topf vom Herd. Rühre den Ahornsirup und Vanilleextrakt unter. Lasse den Pudding einige Minuten abkühlen. Währenddessen kannst du die Himbeeren waschen und bereitlegen. Wenn du gefrorene Himbeeren verwendest, lasse sie vorher auftauen.

3. Gib den leicht abgekühlten Quinoa-Pudding in eine Schüssel. Falls der Pudding zu dick ist, kannst du noch etwas laktosefreie Milch hinzufügen, um die gewünschte Konsistenz zu erreichen.

4. Verteile die Himbeeren über den Quinoa-Pudding und garniere das Ganze mit ein paar Minzblättern. Guten Appetit.

Haferflocken-Pancakes mit Ahornsirup

Zubereitungszeit: 15 Minuten
Portionen: 1 Person

Zutaten:

- 50 g Haferflocken, zu Mehl gemahlen
- 1 Bio-Ei Größe M
- 60 ml laktosefreie Milch
- 1/4 TL Backpulver
- 1 Prise Salz
- 1 EL Ahornsirup, plus etwas mehr zum Servieren
- Natives Olivenöl extra zum Braten
- Frische Erdbeeren, halbiert, zum Garnieren
- Einige Blätter frische Minze, zum Garnieren

Zubereitung:

1. Nimm eine mittelgroße Schüssel und vermische das gemahlene Haferflockenmehl mit dem Backpulver und einer Prise Salz.

2. Schlage das Ei auf und füge es zusammen mit der laktosefreien Milch zu den trockenen Zutaten. Rühre alles gut um, bis ein glatter Teig entsteht. Gib 1 EL Ahornsirup dazu und rühre nochmals um.

3. Erhitze ein wenig Olivenöl in einer Pfanne auf mittlerer Stufe. Sobald die Pfanne heiß ist, gib einen Teil des Teigs hinein, um einen Pancake zu formen. Brate den Pancake etwa 2-3 Minuten auf der einen Seite, bis kleine Bläschen auf der Oberfläche erscheinen, dann wende ihn und brate ihn auf der anderen Seite goldbraun.

4. Wiederhole den Vorgang mit dem restlichen Teig.

5. Serviere die Pancakes mit frischen Erdbeerhälften und etwas Ahornsirup. Garniere das Ganze zusätzlich mit frischen Minzblättern. Guten Appetit.

Buchweizen-Crêpes mit Erdbeerfüllung

Zubereitungszeit: 20 Minuten
Portionen: 1 Person

Zutaten:

- 50 g Buchweizenmehl
- 1 Bio-Ei Größe M
- 100 ml laktosefreie Milch
- 1 Prise Salz
- 1 TL natives Olivenöl extra
  plus etwas mehr zum Braten
- 100 g Erdbeeren, gewaschen
  und in Scheiben geschnitten
- 1 EL Ahornsirup
- Frische Minze zum Garnieren

Zubereitung:

1. In einer Schüssel Buchweizenmehl, das Ei, laktosefreie Milch und eine Prise Salz zu einem glatten Teig verrühren. Lass den Teig für etwa 10 Minuten ruhen, damit das Mehl die Flüssigkeit gut aufnehmen kann.

2. Erhitze ein wenig Olivenöl in einer Pfanne auf mittlerer Stufe. Gib die Hälfte des Teigs in die Pfanne und verteile ihn dünn, indem du die Pfanne schwenkst. Brate den Crêpe von beiden Seiten goldbraun an, etwa 2 Minuten pro Seite. Wiederhole diesen Schritt mit dem restlichen Teig.

3. Während die Crêpes abkühlen, kannst du die Erdbeerscheiben mit Ahornsirup mischen. Lass die Mischung für ein paar Minuten stehen, damit die Erdbeeren den Sirup aufnehmen können.

4. Gib die Erdbeerfüllung auf eine Hälfte jedes Crêpes, klappe sie dann um und serviere sie mit einem Klecks laktosefreiem Joghurt, falls gewünscht, und garniere mit frischer Minze. Guten Appetit.

Rührtofu mit Spinat und Tomaten

Zubereitungszeit: 15 Minuten
Portionen: 1 Person

Zutaten:

- 200 g fester Tofu, zerkrümelt
- 100 g frischer Spinat, gewaschen und grob gehackt
- 2 mittelgroße Tomaten, gewürfelt
- 1 EL natives Olivenöl extra
- 1/4 TL Kurkuma
- 1/4 TL Paprikapulver
- Salz und Pfeffer nach Geschmack
- Frische Petersilie, fein gehackt, zum Garnieren

Zubereitung:

1. Erhitze das Olivenöl in einer Pfanne auf mittlerer Stufe. Gib den zerkrümelten Tofu in die Pfanne und brate ihn für 5 Minuten, bis er leicht gebräunt ist.

2. Streue Kurkuma und Paprikapulver über den Tofu und rühre um, damit die Gewürze gleichmäßig verteilt sind.

3. Füge die Tomatenwürfel hinzu und koche alles für weitere 3 Minuten. Die Tomaten sollten weich werden, aber noch ihre Form behalten.

4. Gib den frischen Spinat dazu und koche ihn, bis er gerade welk geworden ist, was etwa 2 Minuten dauern sollte. Rühre regelmäßig um, damit alles gut vermischt wird.

5. Schmecke das Gericht mit Salz und Pfeffer ab.

6. Sobald alles gut erhitzt und der Spinat zusammengefallen ist, nimm die Pfanne vom Herd.

7. Serviere das Gericht auf einem Teller und garniere es mit frisch gehackter Petersilie. Guten Appetit.

Reisbrei mit Kiwi

Zubereitungszeit: 20 Minuten
Portionen: 1 Person

Zutaten:

- 50 g Reis (weiß oder braun), gut gespült und abgetropft
- 200 ml laktosefreie Milch, ungesüßt
- 1 Kiwi, geschält und in Würfel geschnitten
- 1 EL Ahornsirup
- 1 TL Chiasamen
- 1 Prise Muskat
- 1 Prise Zimt

Zubereitung:

1. Gib den Reis zusammen mit der laktosefreien Milch in einen kleinen Topf. Koche die Mischung auf mittlerer Hitze auf. Sobald sie zu köcheln beginnt, reduziere die Hitze auf ein Minimum und lasse den Reis unter gelegentlichem Rühren etwa 15-20 Minuten köcheln, bis er weich und die Mischung cremig ist. Achte darauf, dass der Reis nicht anbrennt.

2. Während der Reis köchelt, schneidest du die Kiwi in kleine Würfel.

3. Sobald der Reis die gewünschte Konsistenz erreicht hat, nimm den Topf vom Herd. Rühre den Ahornsirup unter und lasse den Brei ein wenig abkühlen.

4. Gib die Kiwiwürfel und die Chiasamen in den leicht abgekühlten Reisbrei.

5. Runde den Geschmack mit einer Prise Muskat und Zimt ab.

6. Serviere den Reisbrei in einer Schüssel. Guten Appetit.

Brotscheiben mit Feta und Gurke

Zubereitungszeit: 15 Minuten
Portionen: 1 Person

Zutaten:

- 2 Scheiben glutenfreies Brot
- 30 g Feta, zerkrümelt
- 1/4 Gurke, in dünne Scheiben geschnitten
- 1 EL natives Olivenöl extra
- 1 TL Balsamico-Essig
- Eine Prise Salz
- Eine Prise Pfeffer
- Ein paar Blätter frischer Basilikum, fein gehackt
- 1 TL Kürbiskerne, optional

Zubereitung:

1. Toaste die Brotscheiben in einem Toaster oder einer Pfanne, bis sie leicht knusprig sind.

2. Verteile den zerkrümelten Feta gleichmäßig auf den noch warmen Brotscheiben.

3. Lege die Gurkenscheiben sorgfältig auf den Feta.

4. In einer kleinen Schüssel vermische das Olivenöl mit dem Balsamico-Essig, Salz und Pfeffer. Schlage die Mischung leicht mit einer Gabel auf, um eine einfache Vinaigrette zu erstellen.

5. Träufle die Vinaigrette vorsichtig über die Brotscheiben. Sei sparsam, damit das Brot nicht durchweicht.

6. Streue den gehackten Basilikum und optional die Kürbiskerne über die Brotscheiben. Guten Appetit.

Frühstücksquinoa mit Blaubeeren

Zubereitungszeit: 15 Minuten
Portionen: 1 Person

Zutaten:

- 50 g Quinoa, gut gespült und abgetropft
- 125 ml Wasser
- 1 Prise Salz
- 1 TL Ahornsirup
- 50 ml laktosefreie Milch oder ungesüßte Mandelmilch
- 50 g frische Heidelbeeren
- 1 TL Chiasamen
- 1 TL gehackte Pfefferminze für die Garnierung

Zubereitung:

1. Gib die Quinoa zusammen mit dem Wasser und einer Prise Salz in einen kleinen Topf. Lass es aufkochen, dann reduziere die Hitze, decke es ab und lasse es für etwa 10-15 Minuten köcheln, bis die Quinoa weich ist und das Wasser vollständig aufgenommen wurde.

2. Sobald die Quinoa gekocht ist, nimm den Topf vom Herd. Rühre den Ahornsirup und die laktosefreie Milch oder Mandelmilch unter die Quinoa.

3. Füge die frischen Heidelbeeren und Chiasamen hinzu. Verrühre alles gut miteinander.

4. Serviere das Gericht in einer Schale und garniere es mit gehackter Pfefferminze. Guten Appetit.

Kichererbsenpfannkuchen mit frischen Kräutern

Zubereitungszeit: 20 Minuten
Portionen: 1 Person

Zutaten:

- 50 g Kichererbsenmehl
- 120 ml Wasser
- 1/4 TL Salz
- 1/4 TL Kurkuma
- 1 EL frisch gehackter Schnittlauch
- 1 EL frisch gehackte Petersilie
- 1 EL natives Olivenöl extra
- 2 EL laktosefreier Joghurt zum Servieren
- 1/4 TL gemahlener schwarzer Pfeffer
- Einige frische Spinatblätter als Beilage

Zubereitung:

1. In einer mittelgroßen Schüssel das Kichererbsenmehl, Salz und Kurkuma vermischen. Nach und nach das Wasser einrühren, bis ein glatter Teig entsteht. Lass den Teig für etwa 10 Minuten ruhen, damit das Mehl das Wasser aufnehmen kann und der Teig etwas eindickt.

2. Nach der Ruhezeit den frisch gehackten Schnittlauch und die Petersilie unter den Teig heben.

3. Erhitze das Olivenöl in einer Pfanne bei mittlerer Hitze. Sobald das Öl heiß ist, gieße die Hälfte des Teiges in die Pfanne und verteile ihn gleichmäßig zu einem runden Pfannkuchen. Brate den Pfannkuchen für etwa 2-3 Minuten von jeder Seite, bis er goldbraun und knusprig ist. Wiederhole den Vorgang mit dem restlichen Teig.

4. Serviere die Pfannkuchen warm mit einem Klecks laktosefreiem Joghurt obenauf. Mit frischem schwarzem Pfeffer bestreuen und zusammen mit einigen frischen Spinatblättern als Beilage servieren. Guten Appetit.

Laktosefreier Joghurt mit Fruchtmus

Zubereitungszeit: 15 Minuten
Portionen: 1 Person

Zutaten:

- 150 g laktosefreier Joghurt
- 50 g Erdbeeren, frisch und in Würfel geschnitten
- 50 g frische Heidelbeeren
- 1/2 TL frisch geriebener Ingwer
- 1 EL Ahornsirup
- 1 TL Chiasamen
- Ein paar frische Minzblätter zum Garnieren

Zubereitung:

1. Nimm eine kleine Schüssel und mische den laktosefreien Joghurt mit dem Ahornsirup, bis eine gleichmäßige Konsistenz entsteht.

2. Gib die Erdbeeren, Heidelbeeren und den frisch geriebenen Ingwer in einen Mixer. Mixe alles auf hoher Stufe, bis ein glattes Fruchtmus entsteht.

3. Gieße das Fruchtmus über den gesüßten Joghurt in der Schüssel.

4. Streue die Chiasamen über das Fruchtmus.

5. Garniere dein Frühstück mit einigen frischen Minzblättern. Guten Appetit.

Blaubeer-Buchweizen Muffins

Zubereitungszeit: 25 Minuten
Portionen: 1 Person

Zutaten:

- 120 g Buchweizenmehl
- 1 TL Backpulver
- 1/4 TL Salz
- 1 Bio-Ei Größe M
- 60 ml laktosefreie Milch
- 40 ml Ahornsirup
- 2 EL natives Olivenöl extra
- 1 TL Vanilleextrakt
- 80 g Heidelbeeren, frisch oder gefroren

Zubereitung:

1. Heize deinen Backofen auf 180 Grad vor und setze Papierförmchen in ein Muffinblech.

2. In einer Schüssel vermische das Buchweizenmehl, Backpulver und Salz.

3. In einer anderen Schüssel schlage das Ei auf und füge laktosefreie Milch, Ahornsirup, Olivenöl und Vanilleextrakt hinzu. Rühre alles gut um, bis es eine homogene Masse ergibt.

4. Gib die nassen Zutaten zu den trockenen und rühre vorsichtig um, bis alles gerade so vermischt ist. Achte darauf, den Teig nicht zu überarbeiten.

5. Hebe die Heidelbeeren unter die Teigmasse. Falls du gefrorene Heidelbeeren verwendest, musst du sie nicht vorher auftauen.

6. Verteile den Teig gleichmäßig auf die vorbereiteten Muffinförmchen. Jedes Förmchen sollte etwa zu 3/4 gefüllt sein.

7. Backe die Muffins für 15-20 Minuten im vorgeheizten Ofen, oder bis ein Zahnstocher sauber herauskommt, wenn du ihn in die Mitte eines Muffins steckst.

8. Lass die Muffins für 5 Minuten im Blech abkühlen, bevor du sie auf ein Kuchengitter setzt, um sie vollständig abkühlen zu lassen. Guten Appetit.

Reiswaffeln mit Tomate und Gurke

Zubereitungszeit: 10 Minuten
Portionen: 1 Person

Zutaten:

- 2 Reiswaffeln
- 1 kleine Tomate, in dünne Scheiben geschnitten
- 1/4 Gurke, in dünne Scheiben geschnitten
- 2 EL laktosefreier Frischkäse
- 1 TL natives Olivenöl extra
- Eine Prise Salz
- Eine Prise Pfeffer
- Einige Blätter frischer Basilikum, fein gehackt
- 1 EL Kürbiskerne, leicht geröstet

Zubereitung:

1. Beginne damit, die Reiswaffeln auf einen sauberen Teller zu legen. Streiche den laktosefreien Frischkäse gleichmäßig auf beide Waffeln.

2. Verteile die dünn geschnittenen Tomaten- und Gurkenscheiben auf den mit Frischkäse bestrichenen Reiswaffeln.

3. Träufle ein wenig Olivenöl über die Tomaten- und Gurkenscheiben und würze sie mit einer Prise Salz und Pfeffer.

4. Bestreue die belegten Waffeln mit den frisch gehackten Basilikumblättern und den leicht gerösteten Kürbiskernen. Guten Appetit.

Zucchini-Rösti mit laktosefreiem Käse

Zubereitungszeit: 20 Minuten
Portionen: 1 Person

Zutaten:

- 200 g Zucchini, grob gerieben
- 50 g laktosefreier Hartkäse
  (z.B. Cheddar), fein gerieben
- 1 Bio-Ei Größe M, verquirlt
- 2 EL Buchweizenmehl
- 1/4 TL Salz
- 1/4 TL Pfeffer
- 2 EL natives Olivenöl extra
- 1 EL frisch gehackte Petersilie
  zum Garnieren

Zubereitung:

1. Drücke die geriebene Zucchini in einem sauberen Küchentuch fest aus, um überschüssige Flüssigkeit zu entfernen. Dies ist wichtig, damit die Rösti nicht zu feucht werden.

2. In einer mittelgroßen Schüssel die ausgedrückte Zucchini, den laktosefreien Hartkäse, das verquirlte Ei, Buchweizenmehl, Salz und Pfeffer vermengen. Rühre alles gut um, bis eine gleichmäßige Masse entsteht.

3. Erhitze das Olivenöl in einer Pfanne über mittlerer Hitze. Forme mit den Händen kleine Rösti aus der Zucchinimischung und lege sie vorsichtig in die Pfanne. Drücke sie leicht flach, damit sie gleichmäßig garen.

4. Brate die Rösti von jeder Seite für etwa 3-4 Minuten oder bis sie goldbraun und knusprig sind. Wende sie vorsichtig mit einem Pfannenwender, um sicherzustellen, dass sie nicht zerbrechen.

5. Sobald die Rösti fertig sind, lege sie auf Küchenpapier, um überschüssiges Öl aufzusaugen.

6. Serviere das Gericht heiß und garniere es mit frisch gehackter Petersilie. Guten Appetit.

Mandelmilch-Smoothie mit Spinat und Ananas

Zubereitungszeit: 5 Minuten
Portionen: 1 Person

Zutaten:

- 200 ml Mandelmilch, unge-süßt
- 1 Handvoll frischer Spinat, gründlich gewaschen
- 100 g Ananas, frisch, in Würfel geschnitten
- 1/2 Kiwi, geschält und in Stücke geschnitten
- 1 TL Chiasamen
- 1 TL Ahornsirup

Zubereitung:

1. Gib die Mandelmilch in den Mixer.
2. Füge den frischen Spinat hinzu.
3. Anschließend kommen die Ananaswürfel und Kiwistücke dazu.
4. Streue die Chiasamen über die Zutaten.
5. Zum Schluss den Ahornsirup für eine natürliche Süße hinzufügen.
6. Mixe alle Zutaten auf höchster Stufe, bis der Smoothie eine glatte und cremige Konsistenz hat.
7. Gieße den Smoothie in ein großes Glas und genieße ihn. Guten Appetit.

Omelett mit Alfalfa-Sprossen und Paprika

Zubereitungszeit: 10 Minuten
Portionen: 1 Person

Zutaten:

- 2 Bio-Eier Größe M
- 1 EL natives Olivenöl extra
- 30 g Alfalfa-Sprossen, frisch
- 1/2 gelbe Paprika, in kleine Würfel geschnitten
- Salz und Pfeffer nach Geschmack
- 1 EL frischer Schnittlauch, fein gehackt
- 1 EL laktosefreier Käse, gerieben, optional

Zubereitung:

1. Schlage die Eier in einer Schüssel auf und verquirle sie mit einer Prise Salz und Pfeffer, bis sie schaumig sind.

2. Erhitze das Olivenöl in einer beschichteten Pfanne bei mittlerer Hitze. Sobald das Öl heiß ist, füge die Paprikawürfel hinzu und brate sie für 2-3 Minuten, bis sie weich, aber noch bissfest sind.

3. Verteile die Alfalfa-Sprossen gleichmäßig über die Paprika in der Pfanne. Gieße dann die verquirlten Eier darüber und streue den geriebenen laktosefreien Käse darüber, falls verwendet.

4. Lasse das Omelett bei mittlerer Hitze garen, bis die Eier gestockt sind, das dauert etwa 3-4 Minuten. Mit einem Spatel vorsichtig am Rand entlangfahren, um zu prüfen, ob das Omelett sich löst.

5. Sobald das Omelett fertig gegart ist, falte es vorsichtig in der Mitte zusammen und schiebe es auf einen Teller.

6. Bestreue das Omelett zum Schluss mit frischem Schnittlauch. Guten Appetit.

Hirse-Porridge mit Preiselbeeren

Zubereitungszeit: 15 Minuten
Portionen: 1 Person

Zutaten:

- 50 g Hirse, gut gespült und abgetropft
- 250 ml laktosefreie Milch
- 1 EL Preiselbeeren, frisch oder gefroren
- 1 TL Ahornsirup
- 1 Prise Muskat
- 1 EL Kürbiskerne
- Einige frische Minzblätter zum Garnieren

Zubereitung:

1. Gib die Hirse zusammen mit der laktosefreien Milch in einen kleinen Topf. Bringe die Mischung bei mittlerer Hitze zum Kochen.

2. Sobald die Mischung kocht, reduziere die Hitze auf niedrig. Lasse die Hirse unter gelegentlichem Rühren etwa 10 Minuten köcheln, bis sie weich wird und die Milch größtenteils aufgesogen hat.

3. Während die Hirse köchelt, röste die Kürbiskerne in einer trockenen Pfanne bei mittlerer Hitze für etwa 2-3 Minuten, bis sie leicht gebräunt sind. Achte darauf, sie regelmäßig zu schwenken, damit sie nicht anbrennen.

4. Wenn die Hirse die gewünschte Konsistenz erreicht hat, nimm den Topf vom Herd. Rühre den Ahornsirup und eine Prise Muskat unter. Sollte der Porridge zu dick sein, kannst du noch etwas laktosefreie Milch hinzufügen, um ihn zu verdünnen.

5. Gib den Porridge in eine Schale. Verteile die Preiselbeeren und die gerösteten Kürbiskerne darüber. Garniere das Ganze mit einigen frischen Minzblättern. Guten Appetit.

Hauptgerichte

Gebackener Lachs mit Dill und Zitronenbett

Zubereitungszeit: 30 Minuten
Portionen: 1 Person

Zutaten:

- 150 g Lachsfilet, frisch
- 1/2 Bio-Zitrone, in dünne Scheiben geschnitten
- 1 EL natives Olivenöl extra
- 1/2 TL getrockneter Dill
- Salz nach Geschmack
- Pfeffer nach Geschmack
- 1 Handvoll frischer Spinat, gewaschen
- 2 EL frisch gepresster Bio-Orangensaft
- 1 TL Ahornsirup

Zubereitung:

1. Heize deinen Ofen auf 200 Grad vor. Währenddessen legst du die Zitronenscheiben auf den Boden einer kleinen Auflaufform, sodass sie ein Bett für den Lachs bilden.

2. Nimm das Lachsfilet und tupfe es mit Küchenpapier trocken. Reibe es dann auf beiden Seiten mit Olivenöl ein und würze es mit Salz, Pfeffer und Dill. Lege den Lachs vorsichtig auf das Zitronenbett.

3. Gib den Lachs in den Ofen und backe ihn etwa 20 Minuten lang, oder bis er durchgegart ist und sich leicht mit einer Gabel zerteilen lässt.

4. Während der Lachs backt, kannst du den Spinat vorbereiten. Erhitze eine Pfanne bei mittlerer Hitze, füge einen Spritzer Olivenöl hinzu und sautiere den Spinat, bis er gerade welk wird. Das dauert meist nicht länger als 2-3 Minuten. Würze den Spinat mit einer Prise Salz und Pfeffer.

5. Nimm den Lachs aus dem Ofen und lasse ihn kurz abkühlen. In der Zwischenzeit mische den Orangensaft und Ahornsirup in einer kleinen Schüssel.

6. Arrangiere den Spinat auf einem Teller. Lege danach den gebackenen Lachs darauf und beträufle ihn mit der Orangensaft-Ahornsirup-Mischung. Guten Appetit.

Rinderfiletstreifen mit Paprika und Quinoa

Zubereitungszeit: 25 Minuten
Portionen: 1 Person

Zutaten:

- 150 g Rinderfilet, in Streifen geschnitten
- 1/2 rote Paprika, in Streifen geschnitten
- 1/2 gelbe Paprika, in Streifen geschnitten
- 60 g Quinoa, gut gespült und abgetropft
- 1 EL natives Olivenöl extra
- 1 TL Balsamico-Essig
- 1/4 TL Paprikapulver
- 1/4 TL Kurkuma
- Salz und Pfeffer nach Geschmack
- Einige Blätter frischer Spinat
- 1 TL gehackter frischer Petersilie

Zubereitung:

1. Beginne damit, die Quinoa gemäß der Packungsanleitung in einem Topf mit Wasser zu kochen. Sobald sie gar ist, nimm sie vom Herd und lass sie abkühlen.

2. Während die Quinoa kocht, erhitzt du das Olivenöl in einer Pfanne auf mittlerer Stufe. Gib die Rinderfiletstreifen in die Pfanne und brate sie, bis sie von allen Seiten braun sind. Das dauert ungefähr 3-4 Minuten. Würze die Streifen mit Salz und Pfeffer.

3. Nimm die Rinderfiletstreifen aus der Pfanne und lege sie beiseite. In der gleichen Pfanne brätst du nun die Paprikastreifen an, bis sie weich sind, aber noch Biss haben. Dies dauert etwa 2-3 Minuten. Würze sie mit Paprikapulver, Kurkuma, Salz und Pfeffer.

4. Gib die Quinoa zu den Paprikastreifen in die Pfanne und vermische alles gut. Träufle den Balsamico-Essig darüber und rühre um.

5. Lege die Rinderfiletstreifen zurück in die Pfanne und vermische sie vorsichtig mit der Quinoa und den Paprikastreifen. Erhitze alles noch einmal gemeinsam für etwa 1 Minute.

6. Richte das Gericht auf einem Teller an. Garniere es mit frischen Spinatblättern und bestreue es mit gehackter Petersilie. Guten Appetit.

Hähnchenbrust mit Brokkoli

Zubereitungszeit: 30 Minuten
Portionen: 1 Person

Zutaten:

- 150 g Hähnchenbrust, in Würfel geschnitten
- 200 g Brokkoli, in Röschen geteilt
- 1 EL natives Olivenöl extra
- 1 TL getrockneter Rosmarin
- 1/2 TL Salz
- 1/4 TL Pfeffer
- 2 EL frisch gepresster Bio-Orangensaft
- 1 TL Ahornsirup
- 1 TL Balsamico-Essig
- 1/2 TL Kurkuma
- 1 EL Knoblauchöl zum Beträufeln

Zubereitung:

1. Heize den Ofen auf 200 Grad vor. In einer großen Schüssel vermische das Olivenöl, den Rosmarin, Salz, Pfeffer, Orangensaft, Ahornsirup, Balsamico-Essig und Kurkuma. Füge die Hähnchenwürfel hinzu und mariniere sie für etwa 10 Minuten.

2. Währenddessen verteile die Brokkoliröschen auf einem mit Backpapier ausgelegten Backblech. Besprühe oder beträufle sie leicht mit Olivenöl und einer Prise Salz.

3. Verteile die marinierten Hähnchenwürfel neben dem Brokkoli auf dem Backblech. Stelle sicher, dass alles eine Ebene bildet, damit es gleichmäßig gart.

4. Backe das Hähnchen und den Brokkoli für etwa 20 Minuten im Ofen, bis das Hähnchen durchgegart und der Brokkoli zart ist. Wende das Hähnchen und die Brokkoliröschen nach der Hälfte der Zeit einmal, um eine gleichmäßige Bräunung zu gewährleisten.

5. Sobald Hähnchen und Brokkoli fertig sind, gib sie in eine Servierschüssel. Träufle das Knoblauchöl darüber und vermische alles sanft.

6. Serviere das Gericht. Guten Appetit.

Tofu-Stir-Fry mit Gemüse und Sojasauce

Zubereitungszeit: 20 Minuten
Portionen: 1 Person

Zutaten:

- 200 g fester Tofu, in Würfel geschnitten
- 1 EL natives Olivenöl extra
- 50 g Karotten, in dünne Streifen geschnitten
- 50 g Zucchini, in Halbmonde geschnitten
- 50 g rote Paprika, in Streifen geschnitten
- 30 g Bambussprossen, abgetropft
- 2 EL Tamari Sojasauce
- 1 TL Ahornsirup
- 1 TL Ingwer, frisch gerieben
- 1 TL Sesamöl
- Salz und Pfeffer nach Geschmack
- Frische Petersilie, gehackt, zum Garnieren
- 1 EL Kürbiskerne zum Bestreuen

Zubereitung:

1. Erhitze das Olivenöl in einer Pfanne auf mittlerer Stufe. Gib die Tofuwürfel hinzu und brate sie goldbraun an, etwa 5 Minuten. Nimm den Tofu dann aus der Pfanne und stelle ihn beiseite.

2. In der gleichen Pfanne die Karotten, Zucchini und rote Paprika hinzufügen und für ca. 5 Minuten anbraten, bis das Gemüse weich, aber noch bissfest ist. Füge die Bambussprossen hinzu und brate alles weitere 2 Minuten.

3. Während das Gemüse brät, vermische in einer kleinen Schüssel die Tamari Sojasauce, Ahornsirup, geriebenen Ingwer und Sesamöl zu einer Sauce.

4. Gib den gebratenen Tofu zurück in die Pfanne zum Gemüse. Gieße die Sauce darüber und rühre um, sodass alles gut mit der Sauce überzogen ist. Lass es noch 2-3 Minuten köcheln.

5. Schmecke alles mit Salz und Pfeffer ab und gib es auf einen Teller.

6. Garniere das Gericht mit frischer Petersilie und bestreue es mit Kürbiskernen. Guten Appetit.

Auberginen-Lasagne mit Spinat und Ricotta

Zubereitungszeit: 45 Minuten
Portionen: 1 Person

Zutaten:

- 1 mittelgroße Aubergine, in dünne Scheiben geschnitten
- 100 g frischer Spinat, gewaschen
- 100 g Ricotta
- 2 EL natives Olivenöl extra
- 1 kleine Karotte, fein gewürfelt
- 50 g Feta, zerbröckelt
- 2 EL gehacktes Basilikum
- 1 EL Balsamico-Essig
- Salz und Pfeffer
- 1 TL getrockneter Oregano
- 50 ml laktosefreie Milch oder ungesüßte Mandelmilch
- 1 EL glutenfreies Mehl

Zubereitung:

1. Heize den Ofen auf 180 Grad vor. Bestreiche die Auberginenscheiben leicht mit 1 EL Olivenöl und lege sie auf ein mit Backpapier ausgelegtes Backblech. Backe sie im Ofen für etwa 15-20 Minuten, bis sie weich und leicht gebräunt sind.

2. Währenddessen erhitze den restlichen EL Olivenöl in einer Pfanne über mittlerer Hitze. Füge die Karottenwürfel hinzu und brate sie, bis sie weich sind. Gib dann den Spinat dazu und koche ihn, bis er zusammenfällt. Nimm die Pfanne vom Herd.

3. In einer kleinen Schüssel vermische den Ricotta, Feta, Basilikum, Balsamico-Essig, Salz, Pfeffer und Oregano. Füge die Spinat-Karotten-Mischung hinzu und rühre um, bis alles gut vermischt ist.

4. In einem kleinen Topf erhitze die Milch, ohne sie zum Kochen zu bringen. Rühre das Mehl ein, bis eine glatte Sauce entsteht. Würze mit Salz und Pfeffer.

5. Beginne mit dem Schichten in einer kleinen, ofenfesten Form: Starte mit einer Schicht Auberginenscheiben, gefolgt von der Spinat-Ricotta-Mischung und ein wenig von der Milchsauce. Wiederhole die Schichten, bis alle Zutaten aufgebraucht sind, und schließe mit einer Schicht Auberginen ab.

6. Backe die Lasagne für etwa 20 Minuten im Ofen, bis die Oberseite leicht gebräunt ist. Guten Appetit.

Quinoa-Pilz-Pfanne mit Thymian

Zubereitungszeit: 25 Minuten
Portionen: 1 Person

Zutaten:

- 60 g Quinoa, gut gespült und abgetropft
- 150 g Austernpilze, grob geschnitten
- 1 EL natives Olivenöl extra
- 1/4 TL Salz
- 1/4 TL Pfeffer
- 1 TL frischer Thymian, fein gehackt
- 50 g Gurke, in Würfel geschnitten
- 1 EL frischer Bio-Zitronensaft
- 1 EL Schnittlauch, fein geschnitten
- 1 TL natives Olivenöl extra für das Dressing

Zubereitung:

1. In einem mittelgroßen Topf 120 ml Wasser zum Kochen bringen. Quinoa hinzufügen, die Hitze reduzieren und zugedeckt 15 Minuten köcheln lassen, bis die Quinoa das Wasser aufgenommen hat. Vom Herd nehmen und 5 Minuten zugedeckt quellen lassen. Dann mit einer Gabel auflockern.

2. Während die Quinoa kocht, erhitzt du 1 EL Olivenöl in einer Pfanne auf mittlerer Stufe. Füge die Austernpilze hinzu und brate sie 5-7 Minuten an, bis sie goldbraun und weich sind. Mit Salz und Pfeffer würzen.

3. Den gekochten Quinoa in die Pfanne zu den Pilzen geben. Thymian darüberstreuen und alles gut vermischen. Alles zusammen 2-3 Minuten braten lassen.

4. Die Quinoa-Pilz-Mischung auf einen Teller geben. Die Gurkenwürfel darüberstreuen.

5. Für das Dressing mischst du Zitronensaft, Schnittlauch und 1 TL Olivenöl in einer kleinen Schüssel. Über die Quinoa-Pilz-Pfanne träufeln.

6. Alles gut vermischen und servieren. Guten Appetit.

Gefüllte Paprika mit Reis und Gemüse

Zubereitungszeit: 40 Minuten
Portionen: 1 Person

Zutaten:

- 1 gelbe Paprika, halbiert und entkernt
- 60 g Reis (braun oder weiß), gut gespült und abgetropft
- 30 g Aubergine, gewürfelt
- 30 g Zucchini, gewürfelt
- 2 EL natives Olivenöl extra
- 1 Prise Salz
- 1 Prise Pfeffer
- 1 TL Oregano, getrocknet
- 1 EL Petersilie, frisch gehackt
- 50 g Tomaten, gewürfelt
- 30 g Feta, zerbröckelt
- 1 EL natives Olivenöl extra zum Beträufeln

Zubereitung:

1. Den Ofen auf 200 Grad vorheizen. Die Paprikahälften in eine Auflaufform legen und mit etwas Olivenöl beträufeln. Für etwa 15 Minuten im Ofen vorgaren, bis sie leicht weich sind.

2. Währenddessen den Reis nach Packungsanleitung kochen, bis er gar ist. In einem Sieb abtropfen lassen und zur Seite stellen.

3. In einer Pfanne 2 EL Olivenöl bei mittlerer Hitze erwärmen. Aubergine und Zucchini hinzufügen und für etwa 5 Minuten anbraten, bis sie weich sind. Tomaten, Salz, Pfeffer und Oregano dazugeben und weitere 2 Minuten kochen.

4. Den gekochten Reis und die Hälfte der Petersilie unter das Gemüse mischen. Die Mischung abschmecken und gegebenenfalls nachwürzen.

5. Die Reis-Gemüse-Mischung gleichmäßig in die Paprikahälften füllen. Feta darüber streuen und mit einem weiteren EL Olivenöl beträufeln.

6. Die gefüllten Paprika in den Ofen geben und weitere 20 Minuten backen, bis der Käse leicht goldbraun ist.

7. Mit der restlichen Petersilie garnieren und servieren. Guten Appetit.

Zucchini-Spaghetti mit Tomaten-Basilikum-Sauce

Zubereitungszeit: 20 Minuten
Portionen: 1 Person

Zutaten:

- 1 mittelgroße Zucchini, in Spaghetti-Form geschnitten
- 2 EL natives Olivenöl extra
- 1 Handvoll frische Basilikumblätter, fein gehackt
- 150 g reife Tomaten, gewürfelt
- 1 EL Knoblauchöl
- Salz nach Geschmack
- Frisch gemahlener schwarzer Pfeffer nach Geschmack
- 50 ml laktosefreie Sahne
- 30 g Hartkäse (z.B. Parmesan), gerieben
- 1 Prise Muskat

Zubereitung:

1. Erhitze 1 EL Olivenöl in einer Pfanne über mittlerer Hitze. Füge die Zucchini-Spaghetti hinzu und brate sie für etwa 3-4 Minuten, bis sie leicht weich, aber immer noch bissfest sind. Nimm die Zucchini aus der Pfanne und stelle sie beiseite.

2. In der gleichen Pfanne, jetzt mit 1 EL Knoblauchöl, gib die Tomatenwürfel hinzu. Koche sie für 5 Minuten, bis sie anfangen, weich zu werden und eine Sauce zu bilden.

3. Füge die laktosefreie Sahne und die Hälfte des Basilikums zur Tomatensauce hinzu. Würze mit Salz, Pfeffer und einer Prise Muskat. Lasse die Sauce für weitere 2-3 Minuten köcheln, bis sie leicht eindickt.

4. Gib die Zucchini-Spaghetti zurück in die Pfanne. Mische sie vorsichtig unter die Tomaten-Basilikum-Sauce, bis alles gut vermischt und die Zucchini heiß ist.

5. Serviere die Zucchini-Spaghetti mit dem restlichen Basilikum und dem geriebenen Hartkäse darüber gestreut. Träufle das restliche Olivenöl darüber und gib nach Belieben noch etwas schwarzen Pfeffer dazu. Guten Appetit.

Lammkoteletts mit Minz-Pesto

Zubereitungszeit: 25 Minuten
Portionen: 1 Person

Zutaten:

- 2 Lammkoteletts (ca. 150 g)
- 1 EL natives Olivenöl extra
- Salz und Pfeffer nach Geschmack
- 10 g frische Minze, Blätter fein gehackt
- 1 EL gehackte Petersilie
- 1 TL gehackter frischer Rosmarin
- 1 EL natives Olivenöl extra für das Pesto
- 1 TL Balsamico-Essig
- 1/2 TL geriebene Bio-Zitrone
- 1 EL Knoblauchöl
- 2 EL geröstete Kürbiskerne

Zubereitung:

1. Die Lammkoteletts unter fließendem Wasser abspülen und trocken tupfen. Mit Salz und Pfeffer würzen und beiseitelegen.

2. Für das Minz-Pesto die Minze, Petersilie, Rosmarin, Olivenöl, Balsamico-Essig, Zitronenabrieb und Knoblauchöl in einen Mörser oder kleinen Mixer geben. Die Kürbiskerne hinzufügen und alles zu einer groben Paste verarbeiten. Abschmecken und bei Bedarf nachwürzen.

3. Eine Pfanne bei mittlerer Hitze erwärmen und 1 EL Olivenöl hinzufügen. Die Lammkoteletts von jeder Seite ca. 3-4 Minuten für eine Medium-Rare Garstufe anbraten. Die genaue Bratzeit hängt von der Dicke der Koteletts ab.

4. Die Lammkoteletts aus der Pfanne nehmen und kurz ruhen lassen. Anschließend auf einem Teller anrichten und das Pesto darüber verteilen. Guten Appetit.

Fischfilet mit Mangold und Pinienkernen

Zubereitungszeit: 25 Minuten
Portionen: 1 Person

Zutaten:

- 150 g Fischfilet (z.B. Kabeljau oder Seelachs)
- 200 g Mangold, grob gehackt
- 1 EL Pinienkerne
- 2 EL natives Olivenöl extra
- Salz nach Geschmack
- Pfeffer nach Geschmack
- 1/2 TL Paprikapulver
- 1 EL frisch gepresster Bio-Orangensaft
- 1 TL gehackter frischer Thymian

Zubereitung:

1. Beginne damit, den Backofen auf 180 Grad vorzuheizen.

2. In einer Pfanne 1 EL Olivenöl auf mittlerer Hitze erhitzen. Die Pinienkerne hinzufügen und rösten, bis sie goldbraun sind. Achte darauf, sie häufig zu wenden, damit sie nicht verbrennen. Sobald sie fertig sind, nimm sie aus der Pfanne und lege sie beiseite.

3. In der gleichen Pfanne den Mangold mit etwas Salz und Pfeffer hinzufügen. Dünste den Mangold, bis er welk ist, was etwa 3-4 Minuten dauern sollte. Dann vom Herd nehmen und beiseite stellen.

4. Das Fischfilet mit Salz, Pfeffer und Paprikapulver würzen. In einer separaten Pfanne das restliche Olivenöl erhitzen und das Fischfilet von beiden Seiten je 2-3 Minuten anbraten, bis es durchgegart ist.

5. Das Fischfilet auf einen Teller legen, den Mangold daneben anrichten. Mit den gerösteten Pinienkernen bestreuen und den frischen Thymian darüberstreuen.

6. Zum Schluss den Orangensaft über das Fischfilet träufeln und servieren. Guten Appetit.

Kürbis-Risotto mit gerösteten Kernen

Zubereitungszeit: 30 Minuten
Portionen: 1 Person

Zutaten:

- 150 g Hokkaido Kürbis, gewürfelt
- 70 g Reis (braun oder weiß), gut gespült und abgetropft
- 500 ml Histaminikus Gemüsebrühe
- 1 EL natives Olivenöl extra
- 1 EL Knoblauchöl
- 30 g Parmesan, gerieben
- 2 EL Kürbiskerne
- Salz nach Geschmack
- Pfeffer nach Geschmack
- 1 TL gehackter frischer Rosmarin
- 1 TL gehackter frischer Thymian

Zubereitung:

1. Erhitze das Olivenöl in einem mittelgroßen Topf bei mittlerer Hitze. Gib die gewürfelten Kürbisstücke hinzu und brate sie für etwa 5 Minuten an, bis sie beginnen, weich zu werden.

2. Füge den Reis hinzu und rühre um, sodass er mit dem Öl überzogen ist und leicht glasig wird. Gieße dann nach und nach die Gemüsebrühe dazu. Lass das Ganze unter gelegentlichem Rühren köcheln, bis der Reis das Wasser aufgenommen hat und cremig ist. Dies dauert etwa 20-25 Minuten.

3. Während das Risotto köchelt, erhitze das Knoblauchöl in einer kleinen Pfanne und röste die Kürbiskerne unter gelegentlichem Rühren goldbraun. Nimm sie dann vom Herd.

4. Wenn der Reis weich und das Risotto cremig ist, nimm den Topf vom Herd. Rühre den geriebenen Parmesan, Rosmarin und Thymian unter. Würze mit Salz und Pfeffer nach Geschmack.

5. Serviere das Risotto in einem tiefen Teller und bestreue es mit den gerösteten Kürbiskernen. Guten Appetit.

Putenrouladen mit Cranberry-Füllung

Zubereitungszeit: 35 Minuten
Portionen: 1 Person

Zutaten:

- 150 g Putenbrust, flach ge-klopft
- 1 EL Cranberrys, getrocknet
- 1/2 kleine Karotte, in dünne Streifen geschnitten
- 1 EL frischer Spinat, grob ge-hackt
- 1 TL natives Olivenöl extra
- 1 TL Balsamico-Essig
- Salz und Pfeffer nach Geschmack
- 1 TL Ahornsirup
- 1/2 TL frischer Thymian, fein gehackt
- 1/2 TL frischer Rosmarin, fein gehackt

Zubereitung:

1. Den Ofen auf 180 Grad vorheizen. Die Putenbrust zwischen zwei Stücke Frischhaltefolie legen und vorsichtig flach klopfen, bis sie etwa 1 cm dick ist.

2. Auf einer Seite der Putenbrust Cranberrys, Karottenstreifen und Spinat gleichmäßig verteilen. Mit Salz und Pfeffer würzen.

3. Die Putenbrust vorsichtig aufrollen und mit Küchengarn oder Zahnstochern zusammenhalten.

4. Olivenöl in einer ofenfesten Pfanne erhitzen. Die Roulade von allen Seiten kurz anbraten, bis sie leicht gebräunt ist.

5. Balsamico-Essig und Ahornsirup über die Roulade geben. Thymian und Rosmarin darauf verteilen.

6. Die Pfanne in den Ofen schieben und die Roulade 20-25 Minuten garen, bis das Fleisch durchgegart ist.

7. Die Putenroulade aus dem Ofen nehmen und vor dem Anschneiden 5 Minuten ruhen lassen. Guten Appetit.

Vegetarische Paella mit Safran und Gemüse

Zubereitungszeit: 30 Minuten
Portionen: 1 Person

Zutaten:

- 60 g Quinoa, gut gespült und abgetropft
- 150 ml Histaminikus Gemüsebrühe
- 1/4 TL Safranfäden
- 1 EL natives Olivenöl extra
- 50 g Hokkaido Kürbis, gewürfelt
- 50 g Zucchini, gewürfelt
- 30 g rote Paprika, gewürfelt
- 30 g Tomaten, gewürfelt
- 30 g grüne Bohnen, geschnitten
- 1 EL gehackte Petersilie
- 1 EL Knoblauchöl
- Salz und Pfeffer nach Geschmack
- 1/4 TL Paprikapulver
- Eine Prise Kurkuma
- 1 EL frisch gepresster Bio-Orangensaft

Zubereitung:

1. Bringe die Gemüsebrühe in einem mittelgroßen Topf zum Kochen und füge den Safran hinzu. Lass es für ein paar Minuten köcheln.

2. Gib die Quinoa in die Brühe, reduziere die Hitze und lass sie zugedeckt für etwa 15 Minuten köcheln, bis die Quinoa weich ist und die Flüssigkeit aufgenommen hat.

3. Während die Quinoa kocht, erhitze das Olivenöl in einer Pfanne auf mittlerer Stufe. Füge den Kürbis, die Zucchini, die Paprika und die grünen Bohnen hinzu. Brate das Gemüse für etwa 5-7 Minuten, bis es weich, aber noch bissfest ist.

4. Wenn die Quinoa fertig ist, gib sie zu dem Gemüse in die Pfanne. Füge die Tomaten, das Knoblauchöl, Paprikapulver, Kurkuma und den frisch gepressten Orangensaft hinzu. Rühre alles gut um und brate es weitere 2-3 Minuten.

5. Schmecke die Paella mit Salz, Pfeffer und gehackter Petersilie ab. Rühre zum Schluss alles gut durch. Guten Appetit.

Rote-Linsen-Curry

Zubereitungszeit: 25 Minuten
Portionen: 1 Person

Zutaten:

- 100 g rote Linsen aus der Dose, gut abgespült
- 200 ml Histaminikus Gemüsebrühe
- 1 EL natives Olivenöl extra
- 50 g Aubergine, gewürfelt
- 50 g Zucchini, gewürfelt
- 30 g gelbe Paprika, gewürfelt
- 1 EL Tomaten, gewürfelt
- 1 TL Currypulver
- 1 TL Kurkuma
- Salz und Pfeffer nach Geschmack
- Ein paar Blätter frischer Spinat
- 1 EL frisch gepresster Bio-Zitronensaft

Zubereitung:

1. Erhitze das Olivenöl in einer Pfanne auf mittlerer Stufe. Gib die Aubergine, Zucchini und gelbe Paprika hinzu und brate sie für etwa 5 Minuten, bis sie weich werden.

2. Füge die Tomaten und die roten Linsen dazu. Rühre das Currypulver und den Kurkuma unter. Lasse alles für 1 Minute köcheln.

3. Gieße die Gemüsebrühe hinzu und rühre alles gut um. Lass das Curry für etwa 15 Minuten auf niedriger Stufe köcheln, bis die Linsen weich sind und die Flüssigkeit etwas eingedickt ist.

4. Schmecke das Curry mit Salz und Pfeffer ab und gib zum Schluss den frischen Spinat dazu. Lasse den Spinat in der heißen Currymischung zusammenfallen.

5. Nimm das Curry vom Herd und rühre den frisch gepressten Zitronensaft unter. Serviere das Curry warm. Guten Appetit.

Gemüse-Tajine mit Hirse

Zubereitungszeit: 35 Minuten
Portionen: 1 Person

Zutaten:

- 50 g Hirse, gut gespült und abgetropft
- 150 ml Histaminikus Gemüsebrühe
- 1 EL natives Olivenöl extra
- 50 g Aubergine, gewürfelt
- 50 g Zucchini, gewürfelt
- 30 g gelbe Paprika, gewürfelt
- 30 g Tomaten, gewürfelt
- 1/4 TL Kurkuma
- 1/4 TL Paprikapulver
- 1/4 TL Kreuzkümmel
- 1 EL frisch gehackte Petersilie
- Salz und Pfeffer nach Geschmack
- Ein Spritzer Bio-Zitronensaft

Zubereitung:

1. Hirse in einem Sieb unter fließendem Wasser gründlich abspülen. Lass sie gut abtropfen.

2. In einem kleinen Topf 1 EL Olivenöl erhitzen. Aubergine, Zucchini, gelbe Paprika und Tomaten hinzufügen und bei mittlerer Hitze 5 Minuten anbraten, bis das Gemüse weich wird.

3. Hirse zu dem Gemüse geben, Kurkuma, Paprikapulver, Kreuzkümmel, Salz und Pfeffer hinzufügen und alles gut vermischen.

4. Die Gemüsebrühe eingießen und einmal aufkochen lassen. Dann die Hitze reduzieren, den Topf abdecken und die Hirse bei niedriger Hitze 20 Minuten köcheln lassen, bis sie weich und die Flüssigkeit absorbiert ist.

5. Vom Herd nehmen und ein paar Minuten ruhen lassen. Mit einer Gabel die Hirse auflockern.

6. Vor dem Servieren mit frisch gehackter Petersilie bestreuen und mit einem Spritzer Zitronensaft abschmecken. Guten Appetit.

Suppen

Kürbis-Ingwer-Suppe

Zubereitungszeit: 30 Minuten
Portionen: 1 Person

Zutaten:

- 200 g Hokkaido Kürbis, gewürfelt
- 1 TL frischer Ingwer, fein gerieben
- 200 ml Histaminikus Gemüsebrühe
- 1 EL natives Olivenöl extra
- 50 ml laktosefreie Milch
- Salz nach Geschmack
- Pfeffer nach Geschmack
- 1 EL Kürbiskerne
- 1 EL frische Petersilie, fein gehackt

Zubereitung:

1. Erhitze das Olivenöl in einem Topf bei mittlerer Hitze. Gib die Kürbiswürfel und den geriebenen Ingwer hinzu. Lass die Kürbiswürfel für etwa 5 Minuten anbraten, bis sie leicht gebräunt sind.

2. Füge die Gemüsebrühe hinzu und bringe alles zum Kochen. Reduziere die Hitze und lass die Suppe für etwa 20 Minuten köcheln, bis der Kürbis weich ist.

3. Püriere die Suppe mit einem Stabmixer, bis sie eine glatte Konsistenz hat. Gib die laktosefreie Milch hinzu und rühre um. Erhitze die Suppe weiter, ohne sie zum Kochen zu bringen. Schmecke mit Salz und Pfeffer ab.

4. Serviere die Suppe in einem tiefen Teller. Garniere sie zum Schluss mit Kürbiskernen und frischer Petersilie. Guten Appetit.

Karotten-Orangen-Suppe

Zubereitungszeit: 25 Minuten
Portionen: 1 Person

Zutaten:

- 150 g Karotten, geschält und grob gewürfelt
- 200 ml frisch gepresster Bio-Orangensaft
- 1 TL natives Olivenöl extra
- 200 ml Histaminikus Gemüsebrühe

- 1/4 TL Kurkuma
- 1/4 TL Ingwer, frisch gerieben
- Salz und Pfeffer nach Geschmack
- 1 EL gehackte Petersilie
- 1 EL Kürbiskerne

Zubereitung:

1. Erhitze das Olivenöl in einem mittelgroßen Topf über mittlerer Hitze. Füge die Karottenwürfel hinzu und dünste sie für etwa 5 Minuten, bis sie beginnen, weich zu werden.

2. Streue den Kurkuma und den frisch geriebenen Ingwer über die Karotten. Rühre gut um, damit die Gewürze die Karotten gleichmäßig bedecken. Danach für weitere 2 Minuten köcheln lassen.

3. Gieße den frisch gepressten Orangensaft und die Gemüsebrühe hinzu. Erhöhe die Hitze, um die Mischung zum Kochen zu bringen. Sobald sie kocht, reduziere die Hitze und lasse die Suppe für etwa 15 Minuten köcheln, oder bis die Karotten vollständig weich sind.

4. Nimm den Topf vom Herd und püriere die Suppe mit einem Stabmixer, bis sie eine glatte Konsistenz hat. Falls die Suppe zu dick ist, kannst du noch etwas Gemüsebrühe hinzufügen, bis die gewünschte Konsistenz erreicht ist.

5. Schmecke die Suppe mit Salz und Pfeffer ab. Gib die Suppe in eine Schüssel.

6. Garniere die Suppe mit gehackter Petersilie und streue die Kürbiskerne darüber. Guten Appetit.

Tomaten-Basilikum-Suppe

Zubereitungszeit: 25 Minuten
Portionen: 1 Person

Zutaten:

- 200 g Tomaten, gewürfelt
- 1 EL natives Olivenöl extra
- 1/4 TL Salz
- 1/4 TL Pfeffer
- 1 TL getrockneter Basilikum
- 500 ml Histaminikus Gemüse-
brühe
- 50 g Aubergine, gewürfelt
- 1 EL frischer Basilikum, ge-
hackt
- 1 EL Parmesan, gerieben
- 1 TL Balsamico-Essig

Zubereitung:

1. In einem mittelgroßen Topf das Olivenöl auf mittlerer Stufe erhitzen. Die gewürfelten Tomaten und Auberginen hinzufügen. Mit Salz und Pfeffer würzen. Die Gemüsemischung etwa 5 Minuten anbraten, bis sie weich wird.

2. Den getrockneten Basilikum über das Gemüse streuen und gut umrühren.

3. Die Gemüsebrühe hinzufügen und die Suppe zum Kochen bringen. Die Hitze reduzieren und die Suppe 15 Minuten lang köcheln lassen.

4. Die Suppe vom Herd nehmen und mit einem Stabmixer oder in einem Standmixer pürieren, bis sie eine glatte Konsistenz hat.

5. Die Suppe zurück in den Topf geben, den Balsamico-Essig einrühren und bei Bedarf mit Salz und Pfeffer abschmecken.

6. Die Suppe in eine Schüssel geben, mit frischem Basilikum und Parmesan garnieren und servieren. Guten Appetit.

Linseneintopf mit Spinat

Zubereitungszeit: 25 Minuten
Portionen: 1 Person

Zutaten:

- 75 g rote Linsen aus der Dose, gut abgespült
- 200 ml Histaminikus Gemüsebrühe
- 1 EL natives Olivenöl extra
- 1 EL Knoblauchöl
- 50 g frischer Spinat, grob gehackt
- 1/4 TL Kurkuma
- 1/4 TL Paprikapulver
- 1/2 TL Salz
- 1/4 TL Pfeffer
- 1 TL frischer Bio-Zitronensaft
- 2 EL gehackte Petersilie

Zubereitung:

1. Erhitze das Olivenöl und das Knoblauchöl in einem mittelgroßen Topf auf mittlerer Stufe. Gib die roten Linsen dazu und röste sie leicht an.

2. Gieße die Gemüsebrühe hinzu und bringe den Eintopf zum Köcheln. Füge Kurkuma und Paprikapulver hinzu. Lasse die Linsen für etwa 15 Minuten köcheln, bis sie weich sind.

3. Gib den frischen Spinat dazu und koche ihn mit, bis er zusammenfällt und sich gut mit den Linsen vermischt hat. Dies sollte etwa 3-5 Minuten dauern.

4. Schmecke den Eintopf mit Salz, Pfeffer und dem frischen Zitronensaft ab. Lasse alles noch einmal kurz aufkochen und nimm den Topf dann vom Herd.

5. Streue die gehackte Petersilie über den fertigen Eintopf. Guten Appetit.

Zucchinicremesuppe

Zubereitungszeit: 25 Minuten
Portionen: 1 Person

Zutaten:

- 100 g Zucchini, in kleine Stücke geschnitten
- 50 g Karotten, in kleine Stücke geschnitten
- 30 g frischer Spinat, grob gehackt
- 1 EL natives Olivenöl extra
- 350 ml Histaminikus Gemüsebrühe
- 1 EL gehackter frischer Basilikum, plus einige Blätter zur Garnierung
- 1 EL laktosefreie Sahne
- 1 TL frisch geriebener Ingwer
- Salz nach Geschmack
- Pfeffer nach Geschmack

Zubereitung:

1. Erhitze das Olivenöl in einem Topf bei mittlerer Hitze. Gib die Zucchini- und Karottenstücke hinzu und sautiere sie, bis sie beginnen, weich zu werden, etwa 5 Minuten.

2. Füge den frisch geriebenen Ingwer hinzu und sautiere alles für ein weiteres Minute.

3. Gieße die Gemüsebrühe dazu und erhöhe die Hitze, um die Mischung zum Kochen zu bringen. Sobald sie kocht, reduziere die Hitze und lasse die Suppe für etwa 15 Minuten köcheln.

4. Füge den frischen Spinat hinzu und koche die Suppe für weitere 5 Minuten, bis der Spinat welk geworden ist und Zucchini sowie Karotten vollständig weich sind.

5. Nimm den Topf vom Herd und rühre den gehackten Basilikum ein. Püriere die Suppe mit einem Stabmixer oder in einem Standmixer, bis sie glatt ist.

6. Gib die Suppe zurück in den Topf und rühre die laktosefreie Sahne unter. Erwärme die Suppe auf niedriger Stufe, ohne sie zum Kochen zu bringen. Schmecke mit Salz und Pfeffer ab.

7. Serviere die Suppe warm und garniere sie mit frischen Basilikumblättern. Guten Appetit.

Karotten-Ingwer-Suppe

Zubereitungszeit: 25 Minuten
Portionen: 1 Person

Zutaten:

- 150 g Karotten, geschält und in Scheiben geschnitten
- 1 TL frischer Ingwer, fein gehackt
- 1 EL natives Olivenöl extra
- 300 ml Histaminikus Gemüsebrühe
- 1 Prise Muskat
- Salz und Pfeffer zum Abschmecken
- 2 EL laktosefreier Joghurt
- 1 TL Kürbiskerne
- Frische Petersilie, gehackt, zum Garnieren

Zubereitung:

1. In einem mittelgroßen Topf das Olivenöl auf mittlerer Stufe erhitzen. Karottenscheiben und Ingwer hinzufügen und für etwa 5 Minuten dünsten, bis die Karotten weich werden, aber nicht bräunen.

2. Die Gemüsebrühe hinzugeben und zum Kochen bringen. Die Hitze reduzieren und die Suppe 15 Minuten köcheln lassen, bis die Karotten vollständig weich sind.

3. Vom Herd nehmen und die Suppe mit einem Stabmixer pürieren, bis sie eine glatte Konsistenz hat. Mit Muskat, Salz und Pfeffer abschmecken.

4. Die Suppe in eine Schüssel geben, mit einem Löffel laktosefreien Joghurt, Kürbiskernen und gehackter Petersilie garnieren. Guten Appetit.

Brokkolisuppe

Zubereitungszeit: 30 Minuten
Portionen: 1 Person

Zutaten:

- 200 g Brokkoli, in Röschen geschnitten
- 1 EL natives Olivenöl extra
- 250 ml Histaminikus Gemüsebrühe
- 1 mittelgroße Kartoffel, geschält und gewürfelt
- Salz und Pfeffer
- 1 TL Ingwer, fein gerieben
- 50 ml laktosefreie Milch
- Einige Blätter frischer Spinat zur Garnierung
- 1 EL frischer Schnittlauch, fein gehackt
- 2 EL Kürbiskerne
- 1 TL Bio-Zitronensaft
- 1 Prise Muskat, frisch gerieben
- 2 EL Kefir, für ein cremiges Finish

Zubereitung:

1. Erhitze das Olivenöl in einem Topf bei mittlerer Hitze. Füge den Brokkoli und die Kartoffelwürfel hinzu. Lasse sie für 5 Minuten anschwitzen, sodass sie leicht Farbe nehmen, aber achte darauf, dass sie nicht bräunen.

2. Gieße die Gemüsebrühe hinzu und bringe alles zum Kochen. Reduziere die Hitze, decke den Topf ab und lasse die Suppe für etwa 15 Minuten köcheln, bis der Brokkoli und die Kartoffeln weich sind.

3. Füge den frischen Ingwer hinzu und püriere die Suppe mit einem Stabmixer oder in einem Standmixer, bis sie eine glatte Konsistenz hat. Falls die Suppe zu dick ist, kannst du etwas mehr Brühe hinzufügen, um die gewünschte Konsistenz zu erreichen.

4. Rühre die laktosefreie Milch ein und erhitze die Suppe nochmals, ohne sie zum Kochen zu bringen. Schmecke mit Salz und Pfeffer ab.

5. Füge den frisch gepressten Zitronensaft und den Kefir hinzu, um die Suppe zu verfeinern. Achte darauf, die Suppe nach dem Hinzufügen des Kefirs nicht mehr zum Kochen zu bringen.

6. Serviere die Suppe heiß und garniere sie mit den Spinatblättern, dem Schnittlauch und den Kürbiskernen. Bestreue die Suppe leicht mit Muskat. Guten Appetit.

Auberginen-Zitrus-Suppe

Zubereitungszeit: 25 Minuten
Portionen: 1 Person

Zutaten:

- 1 kleine Aubergine, gewürfelt
- 200 ml Histaminikus Gemüse-brühe
- 1 EL natives Olivenöl extra
- Saft von 1 Bio-Orange
- Saft von 1/2 Bio-Zitrone
- 1 TL frisch geriebener Ingwer
- 1/4 TL Kurkuma
- 1 Prise Salz
- 1 Prise schwarzer Pfeffer
- 1 EL gehackte Petersilie zur Garnierung
- 50 g gekochte Quinoa, gut ge-spült und abgetropft

Zubereitung:

1. Erhitze das Olivenöl in einem mittelgroßen Topf bei mittlerer Hitze. Füge die gewürfelte Aubergine hinzu und brate sie für etwa 5 Minuten an, bis sie weich wird.

2. Gib den frisch geriebenen Ingwer und Kurkuma dazu und rühre um, damit die Auberginen gleichmäßig gewürzt werden. Lass die Gewürze etwa 1 Minute mitbraten.

3. Gieße die Gemüsebrühe, den Orangensaft und den Zitronensaft dazu. Erhöhe die Hitze, bis die Suppe zu köcheln beginnt, und reduziere sie dann, um die Suppe 15 Minuten lang sanft köcheln zu lassen.

4. Würze die Suppe mit Salz und Pfeffer. Püriere die Suppe mit einem Stabmixer oder in einem Standmixer, bis sie eine glatte Konsistenz hat. Wenn du eine stückigere Suppe bevorzugst, kannst du diesen Schritt überspringen oder nur einen Teil der Suppe pürieren.

5. Füge die gekochte Quinoa hinzu und koche alles zusammen für weitere 2 Minuten, um die Quinoa zu erwärmen.

6. Serviere die Suppe heiß, garniert mit gehackter Petersilie. Guten Appetit.

Kichererbseneintopf mit Kurkuma und Karotten

Zubereitungszeit: 30 Minuten
Portionen: 1 Person

Zutaten:

- 100 g Kichererbsen aus der Dose, gut abgespült
- 2 mittelgroße Karotten, geschält und in Scheiben geschnitten
- 1 TL Knoblauchöl
- 500 ml Histaminikus Gemüsebrühe
- 1 TL Kurkuma
- 1/2 TL Ingwer, frisch gerieben
- Salz nach Geschmack
- Pfeffer nach Geschmack
- 1 EL frischer Koriander, gehackt
- 1 Handvoll Spinat, grob gehackt
- 1 TL Bio-Zitronensaft

Zubereitung:

1. Erhitze das Knoblauchöl in einem Topf bei mittlerer Hitze. Füge die Karottenscheiben hinzu und dünste sie für etwa 5 Minuten, bis sie leicht weich werden.

2. Streue den Kurkuma und den frisch geriebenen Ingwer über die Karotten und rühre um, damit die Gewürze gleichmäßig verteilt werden. Lass die Gewürze 1 Minute mit den Karotten köcheln.

3. Gib die Kichererbsen und die Gemüsebrühe in den Topf. Erhöhe die Hitze, um die Suppe zum Kochen zu bringen, reduziere dann die Hitze und lass alles für etwa 15 Minuten leicht köcheln.

4. Kurz vor Ende der Kochzeit füge den Spinat hinzu und koche ihn mit, bis er welk ist. Dies dauert ungefähr 2 Minuten.

5. Schmecke den Eintopf mit Salz, Pfeffer und Zitronensaft ab. Rühre alles gut um und prüfe, ob die Gewürze für deinen Geschmack passend sind.

6. Serviere den Eintopf heiß und bestreue ihn mit frischem Koriander. Guten Appetit.

Grüne Bohnensuppe mit Dill

Zubereitungszeit: 20 Minuten
Portionen: 1 Person

Zutaten:

- 200 g grüne Bohnen, Enden entfernt und halbiert
- 1 EL natives Olivenöl extra
- 500 ml Histaminikus Gemüsebrühe
- 1 EL frischer Dill, fein gehackt
- 50 g Kartoffeln, gewürfelt
- 1 EL Knoblauchöl
- Salz nach Geschmack
- Frisch gemahlener Pfeffer nach Geschmack
- 1 EL Bio-Zitronensaft

Zubereitung:

1. Erhitze das Olivenöl in einem mittelgroßen Topf bei mittlerer Hitze. Gib die gewürfelten Kartoffeln hinzu und brate sie für etwa 5 Minuten an, bis sie leicht goldbraun sind.

2. Füge die grünen Bohnen hinzu und brate sie weitere 2 Minuten mit den Kartoffeln.

3. Gieße die Gemüsebrühe über die Kartoffeln und Bohnen. Erhöhe die Hitze, um die Suppe zum Kochen zu bringen. Sobald sie kocht, reduziere die Hitze und lasse die Suppe für etwa 10 Minuten köcheln, bis die Bohnen weich sind.

4. Nimm den Topf vom Herd und rühre den Dill und das Knoblauchöl ein. Schmecke die Suppe mit Salz, Pfeffer und Zitronensaft ab.

5. Serviere die Suppe heiß in einer Schüssel. Guten Appetit.

Paprika-Kartoffel-Suppe

Zubereitungszeit: 30 Minuten
Portionen: 1 Person

Zutaten:

- 200 g Kartoffeln, gewürfelt
- 100 g gelbe Paprika, gewürfelt
- 1 EL natives Olivenöl extra
- 500 ml Histaminikus Gemüse-
  brühe
- 1 TL Paprikapulver
- Salz nach Geschmack
- Pfeffer nach Geschmack
- 50 g Austernpilze, in Streifen
  geschnitten
- 1 EL frische Petersilie, gehackt
- Ein Spritzer Bio-Zitronensaft

Zubereitung:

1. Erhitze das Olivenöl in einem Topf bei mittlerer Hitze. Gib die Kartoffel-
   würfel hinzu und brate sie für ca. 5 Minuten an, bis sie leicht goldbraun
   werden.

2. Füge die gelbe Paprikawürfel hinzu und brate alles weitere 3 Minuten.
   Streue das Paprikapulver darüber und rühre gut um.

3. Gieße die Gemüsebrühe hinzu. Bring die Suppe zum Kochen, reduziere
   dann die Hitze und lasse alles für etwa 20 Minuten köcheln, bis die Kartof-
   feln weich sind.

4. In der Zwischenzeit brate die Austernpilzstreifen in einer separaten
   Pfanne mit ein wenig Olivenöl bei mittlerer Hitze an, bis sie knusprig sind.
   Lege sie beiseite.

5. Wenn die Kartoffeln weich sind, püriere die Suppe mit einem Stabmixer,
   bis sie eine glatte Konsistenz hat. Sollte die Suppe zu dick sein, kannst du
   noch etwas Gemüsebrühe hinzufügen.

6. Schmecke die Suppe mit Salz, Pfeffer und einem Spritzer Zitronensaft ab.

7. Serviere die Suppe heiß. Garniere sie mit den gebratenen Austernpilz-
   streifen und der frischen Petersilie. Guten Appetit.

Auberginen-Tomatensuppe

Zubereitungszeit: 25 Minuten
Portionen: 1 Person

Zutaten:

- 200 g Aubergine, gewürfelt
- 200 g Tomaten, gehäutet und gewürfelt
- 1 EL natives Olivenöl extra
- 1 TL Oregano, getrocknet
- 500 ml Histaminikus Gemüsebrühe
- Salz nach Geschmack
- Pfeffer nach Geschmack
- 1 EL frischer Basilikum, gehackt
- 1 EL Knoblauchöl
- 50 g Austernpilze, in dünne Scheiben geschnitten

Zubereitung:

1. In einem Topf das Olivenöl auf mittlerer Hitze erwärmen. Die Auberginenwürfel hinzugeben und für ca. 5 Minuten anbraten, bis sie leicht gebräunt sind.

2. Die Tomatenwürfel und den Oregano dazugeben. Alles gut vermischen und weitere 2 Minuten köcheln lassen.

3. Die Gemüsebrühe hinzufügen und die Suppe zum Kochen bringen. Sobald sie kocht, die Hitze reduzieren und die Suppe für etwa 15 Minuten leise köcheln lassen.

4. In der Zwischenzeit das Knoblauchöl in einer Pfanne erhitzen und die Austernpilzscheiben darin für etwa 3-4 Minuten anbraten, bis sie goldbraun sind.

5. Die Suppe vom Herd nehmen und mit einem Stabmixer pürieren, bis eine glatte Konsistenz erreicht ist. Mit Salz und Pfeffer abschmecken.

6. Die Suppe in einen Teller geben, mit den angebratenen Austernpilzen und frischem Basilikum garnieren. Guten Appetit.

Gurken-Dill-Suppe

Zubereitungszeit: 20 Minuten
Portionen: 1 Person

Zutaten:

- 150 g Gurke, geschält und grob gewürfelt
- 1 EL natives Olivenöl extra
- 250 ml Histaminikus Gemüsebrühe
- 1 EL frischer Dill, fein gehackt
- 50 g laktosefreier Joghurt
- 1 TL Bio-Zitronensaft
- Salz nach Geschmack
- Frisch gemahlener Pfeffer nach Geschmack
- Einige Dillzweige zur Garnierung

Zubereitung:

1. Erhitze das Olivenöl in einem Topf bei mittlerer Hitze. Füge die gewürfelten Gurken hinzu und dünste sie für etwa 5 Minuten, bis sie weich werden.

2. Gieße die Histaminikus Gemüsebrühe dazu und bringe die Mischung zum Kochen. Reduziere dann die Hitze und lasse alles für etwa 10 Minuten köcheln.

3. Nimm den Topf vom Herd und lass die Suppe etwas abkühlen. Gib sie dann in einen Mixer und püriere sie, bis eine glatte Konsistenz entsteht.

4. Rühre den frischen Dill, den laktosefreien Joghurt und den Zitronensaft unter die pürierte Suppe. Würze mit Salz und Pfeffer nach Geschmack.

5. Erhitze die Suppe noch einmal leicht, ohne sie zum Kochen zu bringen, um den Joghurt nicht gerinnen zu lassen.

6. Serviere die Suppe warm oder kalt, garniert mit einigen Dillzweigen. Guten Appetit.

Pilz-Risotto-Suppe

Zubereitungszeit: 30 Minuten
Portionen: 1 Person

Zutaten:

- 100 g Austernpilze, in Scheiben geschnitten
- 1 EL Knoblauchöl
- 50 g Amaranth, gut gespült und abgetropft
- 250 ml Histaminikus Gemüsebrühe
- 30 g Parmesan, gerieben
- 1 EL natives Olivenöl extra
- Salz nach Geschmack
- Pfeffer nach Geschmack
- 1 EL Petersilie, fein gehackt
- 1/4 TL Muskat, frisch gerieben

Zubereitung:

1. Erhitze das Knoblauchöl in einem Topf bei mittlerer Hitze. Gib die Austernpilze hinzu und brate sie, bis sie weich und leicht gebräunt sind. Entferne die Pilze aus dem Topf und stelle sie beiseite.

2. Im gleichen Topf erhöhe die Hitze etwas und füge den Amaranth hinzu. Röste ihn leicht an, bis er nussig duftet. Gieße dann die Gemüsebrühe dazu und bringe alles zum Kochen.

3. Reduziere die Hitze, sodass die Mischung leicht köchelt. Lasse den Amaranth etwa 20 Minuten garen, bis er weich ist und die Flüssigkeit größtenteils aufgenommen hat.

4. Rühre die gebratenen Pilze, Parmesan und Olivenöl unter das Risotto. Würze mit Salz, Pfeffer und Muskat. Lasse die Suppe für ein paar Minuten ziehen.

5. Schmecke abschließend noch einmal ab. Serviere die Suppe heiß, bestreut mit frischer Petersilie. Guten Appetit.

Quinoa-Gemüsesuppe

Zubereitungszeit: 30 Minuten
Portionen: 1 Person

Zutaten:

- 50 g Quinoa, gut gespült und abgetropft
- 200 ml Histaminikus Gemüsebrühe
- 1 EL natives Olivenöl extra
- 50 g Aubergine, gewürfelt
- 50 g Zucchini, gewürfelt
- 30 g Karotten, gewürfelt
- 30 g Tomaten, gewürfelt
- 1 EL frisch gepresster Bio-Orangensaft
- 1 TL frisch gehackte Petersilie
- Salz und Pfeffer nach Geschmack
- 1 TL frisch gehackter Schnittlauch

Zubereitung:

1. In einem mittelgroßen Topf das Olivenöl bei mittlerer Hitze erhitzen. Aubergine, Zucchini und Karotten hinzufügen und für etwa 5 Minuten anbraten, bis sie leicht weich werden.

2. Quinoa und Gemüsebrühe dazugeben. Zum Kochen bringen, dann die Hitze reduzieren und etwa 15 Minuten köcheln lassen, bis der Quinoa weich und die Flüssigkeit größtenteils absorbiert ist.

3. Tomaten und Orangensaft einrühren. Weitere 5 Minuten köcheln lassen. Mit Salz und Pfeffer abschmecken.

4. Die Suppe vom Herd nehmen und in eine Schüssel geben. Mit frisch gehackter Petersilie und Schnittlauch garnieren. Guten Appetit.

Salate

Rote-Linsen-Salat mit Paprika und Zitronendressing

Zubereitungszeit: 20 Minuten
Portionen: 1 Person

Zutaten:

- 100 g rote Linsen aus der Dose, gut abgespült
- 1/2 gelbe Paprika, gewürfelt
- 1/2 rote Paprika, gewürfelt
- 2 EL natives Olivenöl extra
- Saft von 1/2 Bio-Zitrone
- 1/2 TL Salz
- 1/4 TL Pfeffer
- 1 EL frisch gehackte Petersilie
- 2 EL Kürbiskerne, geröstet
- 1 EL Chiasamen
- 2 EL frisch geschnittener Schnittlauch

Zubereitung:

1. Setze die roten Linsen in einem kleinen Topf mit Wasser auf und koche sie gemäß der Packungsanleitung, bis sie weich sind. Gieße sie dann ab und lasse sie kurz abkühlen.

2. Während die Linsen abkühlen, nimm eine mittelgroße Schüssel und vermische darin den Saft der Zitrone mit Olivenöl, Salz und Pfeffer. Rühre alles gut um.

3. Gib die gewürfelten Paprikastücke, die abgekühlten roten Linsen und die frisch gehackte Petersilie in die Schüssel. Vermische alles sorgfältig, damit die Linsen und Paprikastücke gleichmäßig mit dem Dressing überzogen sind.

4. Zum Schluss streue die gerösteten Kürbiskerne und Chiasamen über den Salat und garniere ihn mit frischem Schnittlauch. Guten Appetit.

Quinoa-Salat mit Gurken und Tomaten

Zubereitungszeit: 20 Minuten
Portionen: 1 Person

Zutaten:

- 50 g Quinoa, gut gespült und abgetropft
- 100 ml Wasser
- 1/2 Gurke, gewürfelt
- 5 Cocktailtomaten, geviertelt
- 1 EL natives Olivenöl extra
- 1 TL Balsamico-Essig
- 1 EL frisch gehackte Petersilie
- Salz und Pfeffer zum Abschmecken
- 1 EL Kürbiskerne, geröstet
- 2 EL frische Endivienblätter, grob gehackt

Zubereitung:

1. Quinoa in einem kleinen Topf mit 100 ml Wasser zum Kochen bringen, dann die Hitze reduzieren und zugedeckt etwa 15 Minuten köcheln lassen, bis das Wasser aufgenommen ist. Vom Herd nehmen und abkühlen lassen.

2. In einer großen Schüssel die abgekühlte Quinoa, Gurkenwürfel, Cocktailtomatenviertel, Endivienblätter und Petersilie vermengen.

3. Olivenöl und Balsamico-Essig in einer kleinen Schüssel verrühren und mit Salz und Pfeffer abschmecken. Das Dressing über den Salat gießen und gut umrühren.

4. Die Kürbiskerne in einer trockenen Pfanne bei mittlerer Hitze einige Minuten rösten, bis sie beginnen zu duften. Über den Salat streuen.

5. Den Salat noch einmal vorsichtig umrühren und nach Bedarf mit Salz und Pfeffer nachwürzen. Guten Appetit.

Spinat-Salat mit Erdbeeren und Pinienkernen

Zubereitungszeit: 15 Minuten
Portionen: 1 Person

Zutaten:

- 100 g frischer Spinat, gründlich gewaschen und trocken geschleudert
- 5-6 Erdbeeren, gewaschen und in Scheiben geschnitten
- 1 EL Pinienkerne, leicht geröstet

- 1 EL natives Olivenöl extra
- 1/2 TL Balsamico-Essig
- 1 Prise Salz
- 1 Prise frisch gemahlener schwarzer Pfeffer
- 1 TL gehackte frische Petersilie

Zubereitung:

1. Beginne damit, die Pinienkerne in einer trockenen Pfanne bei mittlerer Hitze zu rösten. Rühre sie ständig um, damit sie gleichmäßig bräunen und nicht anbrennen. Sobald sie goldbraun sind, nimm sie vom Herd und lass sie abkühlen.

2. In einer großen Schüssel vermischt du den frischen Spinat mit den in Scheiben geschnittenen Erdbeeren. Gib die gerösteten Pinienkerne dazu.

3. In einer kleinen Schüssel verrührst du Olivenöl und Balsamico-Essig zu einem Dressing. Würze es mit einer Prise Salz und frisch gemahlenem schwarzen Pfeffer.

4. Gieße das Dressing über den Salat und mische alles gut durch, sodass der Spinat und die Erdbeeren gleichmäßig mit dem Dressing bedeckt sind.

5. Streue zum Schluss die gehackte Petersilie über den Salat. Guten Appetit.

Brokkolisalat mit Karotten und Dressing

Zubereitungszeit: 20 Minuten
Portionen: 1 Person

Zutaten:

- 100 g Brokkoli, in kleine Röschen geschnitten
- 1 mittelgroße Karotte, geschält und in dünne Streifen geschnitten
- 30 g Austernpilze, fein geschnitten
- 2 EL Kichererbsen aus der Dose, gut abgespült
- 1 EL natives Olivenöl extra
- 1 TL Balsamico-Essig
- 1 TL Ahornsirup
- Eine Prise Salz
- Eine Prise Pfeffer
- 1 TL frisch gehackter Petersilie
- 1 TL frisch gehackter Schnittlauch

Zubereitung:

1. Beginne damit, die Brokkoliröschen in einem Topf mit leicht gesalzenem Wasser für etwa 3-4 Minuten zu blanchieren. Sie sollten noch bissfest sein. Gieße sie ab und spüle sie unter kaltem Wasser, um den Garprozess zu stoppen.

2. Während der Brokkoli abkühlt, erhitze das Olivenöl in einer Pfanne auf mittlerer Stufe. Gib die Austernpilze hinzu und brate sie für etwa 5 Minuten, bis sie leicht gebräunt sind. Füge die Karottenstreifen hinzu und brate alles zusammen für weitere 3 Minuten. Achte darauf, dass die Karotten noch etwas knackig bleiben.

3. In einer kleinen Schüssel verrühre den Balsamico-Essig, Ahornsirup, Salz und Pfeffer, um das Dressing herzustellen. Stelle sicher, dass es gut gemischt ist.

4. Gib den blanchierten Brokkoli, die gebratenen Austernpilze und Karottenstreifen in eine große Schüssel. Füge die Kichererbsen hinzu.

5. Gieße das Dressing über den Salat und vermische alles sorgfältig, sodass die Zutaten gleichmäßig mit dem Dressing überzogen sind.

6. Streue die frisch gehackte Petersilie und den Schnittlauch über den Salat. Guten Appetit.

Bunter Paprika-Salat mit Limettendressing

Zubereitungszeit: 15 Minuten
Portionen: 1 Person

Zutaten:

- 1 rote Paprika, gewürfelt
- 1 gelbe Paprika, gewürfelt
- 50 g Endivie, grob geschnitten
- 30 g Austernpilze, in dünne Scheiben geschnitten
- 1 EL natives Olivenöl extra
- 1 TL Knoblauchöl
- Saft von 1 Bio-Limette
- 1 TL Ahornsirup
- 1 EL gehackte Petersilie
- Salz und Pfeffer nach Geschmack
- Ein paar Blätter frische Minze zur Garnierung

Zubereitung:

1. Erhitze das Olivenöl in einer Pfanne über mittlerer Hitze. Gib die Austernpilze hinzu und brate sie, bis sie leicht gebräunt sind. Dies wird etwa 3-4 Minuten dauern. Nimm sie dann aus der Pfanne und lass sie abkühlen.

2. In einer großen Schüssel vermische die gewürfelte rote und gelbe Paprika mit der grob geschnittenen Endivie.

3. In einer kleinen Schüssel bereite das Dressing vor, indem du den Limettensaft, Knoblauchöl, Ahornsirup, gehackte Petersilie, Salz und Pfeffer gründlich vermengst.

4. Gib die abgekühlten Austernpilze zu den Paprika und Endivie in die große Schüssel. Gieße das Dressing darüber und mische alles gut durch, damit die Zutaten gleichmäßig vom Dressing umhüllt werden.

5. Richte den Salat auf einem Teller an und garniere ihn mit ein paar Blättern frischer Minze. Guten Appetit.

Endiviensalat mit Orangen

Zubereitungszeit: 15 Minuten
Portionen: 1 Person

Zutaten:

- 1 Handvoll Endivien, grob ge-hackt
- 1 Bio-Orange, in Filets ge-schnitten
- 50 g Zucchini, in dünne Scheiben geschnitten
- 1 EL natives Olivenöl extra
- 1 TL Balsamico-Essig
- Eine Prise Salz
- Eine Prise Pfeffer
- 1 TL Ahornsirup
- 2 EL Kürbiskerne, leicht geröstet

Zubereitung:

1. Wasche die Endivien gründlich und hacke sie grob. Lege sie in eine Salatschüssel.

2. Schäle die Orange sorgfältig, um die weiße Haut zu entfernen, und schneide sie in Filets. Füge die Orange-Filets zum Endiviensalat hinzu.

3. Nimm die Zucchinischeiben und brate sie in einer heißen Pfanne mit ein wenig Olivenöl bei mittlerer Hitze für etwa 2-3 Minuten, bis sie leicht gebräunt sind. Gib sie dann über den Salat.

4. Für das Dressing vermische in einer kleinen Schüssel das Olivenöl, den Balsamico-Essig, Salz, Pfeffer und Ahornsirup. Gieße das Dressing über den Salat und vermische alles gut.

5. Bestreue den Salat zuletzt mit den leicht gerösteten Kürbiskernen. Guten Appetit.

Gemischter Salat mit gebackenem Kürbis

Zubereitungszeit: 30 Minuten
Portionen: 1 Person

Zutaten:

- 150 g Hokkaido Kürbis, gewürfelt
- 1 EL natives Olivenöl extra
- 1/2 TL Paprikapulver
- Salz und Pfeffer nach Geschmack
- 50 g Endivie, grob gehackt
- 50 g Spinat, grob gehackt
- 1 kleine Karotte, in dünne Streifen geschnitten
- 2 EL Kürbiskerne
- 1 EL Balsamico-Essig
- 2 EL laktosefreier Joghurt
- 1 TL Senf
- 1 TL Ahornsirup
- 1 EL frisch gepresster Bio-Orangensaft

Zubereitung:

1. Heize den Ofen auf 200 Grad vor. Vermische die Kürbiswürfel mit Olivenöl, Paprikapulver, Salz und Pfeffer. Breite sie auf einem Backblech aus und backe sie für 20 Minuten, bis sie weich und leicht karamellisiert sind.

2. Während der Kürbis backt, bereite den Salat vor. Mische Endivie, Spinat und Karottenstreifen in einer großen Schüssel.

3. Für das Dressing vermische Balsamico-Essig, Joghurt, Senf, Ahornsirup und Orangensaft in einer kleinen Schüssel. Schmecke es mit Salz und Pfeffer ab.

4. Sobald der Kürbis fertig gebacken ist, lass ihn kurz abkühlen. Gib dann den Kürbis und die Kürbiskerne zum Salat.

5. Gieße das Dressing über den Salat und vermische alles gut, sodass der Salat gleichmäßig mit dem Dressing bedeckt ist. Guten Appetit.

Erdbeeren-Salat mit Minze

Zubereitungszeit: 20 Minuten
Portionen: 1 Person

Zutaten:

- 100 g Erdbeeren, geviertelt
- 50 g Endivie, grob gehackt
- 50 g Gurke, entkernt und in dünne Scheiben geschnitten
- 10 g frische Minze, fein gehackt
- 1 EL natives Olivenöl extra
- 1 TL Balsamico-Essig
- 1 TL Ahornsirup
- 1 EL Kürbiskerne, leicht geröstet
- 50 g Hüttenkäse
- Salz nach Geschmack
- Pfeffer nach Geschmack

Zubereitung:

1. Vermische in einer großen Schüssel die geviertelten Erdbeeren mit der grob gehackten Endivie und den in dünne Scheiben geschnittenen Gurken.

2. Für das Dressing verrühre Olivenöl, Balsamico-Essig und Ahornsirup in einer kleinen Schüssel. Füge die fein gehackte Minze hinzu und rühre alles gut um, bis eine homogene Mischung entsteht.

3. Gib das Dressing über die Salatmischung und hebe alles vorsichtig unter, damit die Zutaten gleichmäßig mit dem Dressing bedeckt sind.

4. Richte den Salat auf einem Teller an. Verteile den Hüttenkäse darüber und bestreue ihn mit den leicht gerösteten Kürbiskernen.

5. Würze den Salat mit Salz und Pfeffer nach deinem Geschmack und vermische ihn zum Schluss noch einmal leicht. Guten Appetit.

Grünkohl-Salat

Zubereitungszeit: 20 Minuten
Portionen: 1 Person

Zutaten:

- 100 g Grünkohl, frisch und in dünne Streifen geschnitten
- 1/2 Bio-Orange, in Stücke geschnitten
- 1/4 Gurke, entkernt und in dünne Scheiben geschnitten
- 50 g Karotten, in dünne Scheiben geschnitten
- 50 g gelbe oder rote Paprika, in dünne Streifen geschnitten
- 1 EL natives Olivenöl extra
- 1 TL Balsamico-Essig
- Salz und Pfeffer nach Geschmack
- 1 EL Kürbiskerne
- 1 EL frische Petersilie, fein gehackt

Zubereitung:

1. Wasche den Grünkohl gründlich, schüttle das Wasser ab und schneide ihn in dünne Streifen. Lege den Grünkohl in eine Salatschüssel.

2. Wasche die Orange und Gurke. Schäle die Orange, entferne die weiße Haut so gut es geht und teile sie in Stücke. Halbiere die Gurke längs, entferne mit einem Löffel die Kerne und schneide sie in dünne Scheiben. Gib beides zum Grünkohl.

3. Wasche die Karotten und Paprika. Schneide die Karotten in dünne Scheiben und die Paprika in dünne Streifen. Füge sie ebenfalls zum Salat hinzu.

4. Vermische in einer kleinen Schüssel Olivenöl und Balsamico-Essig zu einem Dressing. Würze es mit Salz und Pfeffer nach deinem Geschmack.

5. Gieße das Dressing über den Salat und vermische alles sorgfältig, damit der Grünkohl und die anderen Zutaten gleichmäßig mit dem Dressing überzogen sind.

6. Röste die Kürbiskerne in einer Pfanne ohne Fett, bis sie beginnen zu duften. Achte darauf, dass sie nicht anbrennen.

7. Streue die gerösteten Kürbiskerne und die gehackte Petersilie über den Salat. Guten Appetit.

Tomaten-Mozzarella-Salat mit Basilikum

Zubereitungszeit: 15 Minuten
Portionen: 1 Person

Zutaten:

- 2 mittelgroße Tomaten, gewürfelt
- 60 g laktosefreier Mozzarella, gewürfelt
- 1 EL natives Olivenöl extra
- 1 EL Balsamico-Essig
- 1/4 TL Salz
- 1/4 TL Pfeffer
- 5 Basilikumblätter, grob zerrissen
- 1/4 TL getrockneter Oregano
- 1 TL gehackter frischer Schnittlauch

Zubereitung:

1. In einer mittelgroßen Schüssel die gewürfelten Tomaten und Mozzarella hinzufügen.

2. Olivenöl und Balsamico-Essig über die Tomaten und Mozzarella gießen. Mit Salz und Pfeffer würzen.

3. Die Basilikumblätter, den getrockneten Oregano und den frischen Schnittlauch hinzufügen.

4. Alles vorsichtig vermischen, ohne dass der Mozzarella und die Tomaten zerdrückt werden.

5. Lasse den Salat für etwa 5 Minuten stehen.

6. Vor dem Servieren nochmals leicht umrühren, um sicherzustellen, dass alles gut vermengt ist. Guten Appetit.

Gurken-Melonen-Salat mit Minzjoghurt

Zubereitungszeit: 15 Minuten
Portionen: 1 Person

Zutaten:

- 150 g Cantaloupe-Melone, in Würfel geschnitten
- 100 g Gurke, entkernt und in Scheiben geschnitten
- 1 EL frische Minze, fein gehackt
- 100 g laktosefreier Joghurt
- 1 TL natives Olivenöl extra
- 1 TL Bio-Zitronensaft, frisch gepresst
- 1/4 TL Salz
- 1/4 TL Pfeffer
- 1 TL Ahornsirup
- Einige Blätter frische Minze zur Garnierung

Zubereitung:

1. Beginne damit, die Melone und die Gurke vorzubereiten. Schneide die Melone in mundgerechte Würfel und die Gurke in dünne Scheiben, nachdem du sie entkernt hast.

2. In einer kleinen Schüssel vermische den Joghurt mit dem Olivenöl, Zitronensaft, Salz, Pfeffer und Ahornsirup. Rühre alles gut um, bis ein gleichmäßiges Dressing entsteht. Füge die fein gehackte Minze hinzu und rühre erneut.

3. In einer Servierschüssel verteile zuerst die Gurkenscheiben und dann die Melonenwürfel. Gieße das Minzjoghurt-Dressing gleichmäßig über den Salat.

4. Garniere den Salat mit einigen frischen Minzblättern. Guten Appetit.

Karotten-Sprossen-Salat mit Sesamdressing

Zubereitungszeit: 15 Minuten
Portionen: 1 Person

Zutaten:

- 100 g Karotten, geschält und in dünne Streifen geschnitten
- 50 g Alfalfa-Sprossen
- 30 g Bohnensprossen
- 2 EL Kürbiskerne, leicht geröstet
- 1 EL Sesamöl
- 1 EL Tamari Sojasauce
- 1 TL Ahornsirup
- 1 TL Bio-Zitronensaft, frisch gepresst
- Eine Prise Salz
- Eine Prise frisch gemahlener schwarzer Pfeffer
- Frische Kräuter nach Wahl (z.B. Petersilie oder Koriander), gehackt

Zubereitung:

1. Beginne damit, die Karottenstreifen, Alfalfa-Sprossen und Bohnensprossen in einer großen Schüssel zu vermischen.

2. Für das Dressing mische in einer kleinen Schüssel das Sesamöl, Tamari Sojasauce, Ahornsirup und Zitronensaft. Würze mit einer Prise Salz und frisch gemahlenem schwarzen Pfeffer. Rühre gut um, bis alle Zutaten vollständig vermengt sind.

3. Gieße das Dressing über den Salat und vermische alles sorgfältig, sodass das Dressing gleichmäßig verteilt ist.

4. Lasse den Salat für etwa 5 Minuten stehen.

5. Kurz vor dem Servieren, streue die gerösteten Kürbiskerne und die frischen Kräuter über den Salat.

6. Richte den Salat auf einem Teller an. Guten Appetit.

Kichererbsen-Salat

Zubereitungszeit: 15 Minuten
Portionen: 1 Person

Zutaten:

- 100 g Kichererbsen aus der Dose, gut abgespült
- 80 g frischer Blattspinat, grob gehackt
- 50 g Feta, gewürfelt
- 1 EL natives Olivenöl extra
- 1 EL Balsamico-Essig
- 1/2 TL Senf
- 1/4 TL Paprikapulver
- Salz und Pfeffer nach Geschmack
- Einige frische Basilikumblätter, fein geschnitten
- 2 EL gehackte rote Paprika (gelb oder rot)
- 1 EL geröstete Kürbiskerne

Zubereitung:

1. Beginne damit, die Kichererbsen in einem Sieb unter fließendem Wasser gründlich abzuspülen. Lass sie dann abtropfen, um überschüssiges Wasser zu entfernen.

2. In einer großen Schüssel vermische den frischen Blattspinat, die abgetropften Kichererbsen und den gewürfelten Fetakäse.

3. In einer kleinen Schüssel bereitest du das Dressing vor. Vermische dafür das Olivenöl, den Balsamico-Essig und den Senf. Füge das Paprikapulver hinzu und würze mit Salz und Pfeffer nach deinem Geschmack. Rühre alles gut um, bis eine homogene Sauce entsteht.

4. Gieße das Dressing über den Salat und vermische alles vorsichtig, damit der Spinat und die Kichererbsen gut mit dem Dressing überzogen sind.

5. Füge die gehackte rote Paprika und die frischen Basilikumblätter hinzu und vermische erneut sanft.

6. Zum Schluss streue die gerösteten Kürbiskerne über den Salat.

7. Richte den Salat auf einem Teller an. Guten Appetit.

Spinat-Orangen-Salat

Zubereitungszeit: 20 Minuten
Portionen: 1 Person

Zutaten:

- 100 g frischer Spinat, gründlich gewaschen
- 1 Bio-Orange, in Filets geschnitten
- 1 EL Pinienkerne, leicht geröstet
- 1 EL natives Olivenöl extra
- 1 TL Balsamico-Essig
- 1 Prise Salz
- 1 Prise Pfeffer
- 1 TL Ahornsirup
- 1 EL frisch gepresster Bio-Orangensaft
- 2 EL Feta, zerbröselt
- 50 g frische Erdbeeren, halbiert
- 1 EL frisch gehackter Schnittlauch

Zubereitung:

1. Beginne mit dem Rösten der Pinienkerne in einer Pfanne ohne Öl bei mittlerer Hitze, bis sie goldbraun sind. Bewege sie ständig, damit sie nicht anbrennen. Lass sie danach abkühlen.

2. Schneide die Enden der Orange ab, sodass sie auf einer flachen Seite stehen kann. Entferne mit einem scharfen Messer die Schale samt der weißen Haut und schneide die Filets heraus. Fang den Saft auf für das Dressing.

3. Für das Dressing verquirle Olivenöl, Balsamico-Essig, Ahornsirup, den aufgefangenen Orangensaft, Salz und Pfeffer in einer kleinen Schüssel.

4. Vermenge den gewaschenen Spinat in einer großen Schüssel vorsichtig mit dem Dressing.

5. Füge die Orangenfilets, halbierten Erdbeeren, zerbröselten Feta und die gerösteten Pinienkerne hinzu. Vermische alles behutsam.

6. Streue den frisch gehackten Schnittlauch über den Salat. Guten Appetit.

Auberginen-Salat mit Blaubeeren

Zubereitungszeit: 20 Minuten
Portionen: 1 Person

Zutaten:

- 1 kleine Aubergine (ca. 150 g), in Würfel geschnitten
- 1 EL natives Olivenöl extra
- 1/4 TL Salz
- 1/4 TL Pfeffer
- 50 g Blaubeeren
- 30 g Spinat, gewaschen und trocken geschüttelt
- 2 EL gehackte Petersilie
- 1 EL Balsamico-Essig
- 2 EL natives Olivenöl extra für das Dressing
- 1 TL Ahornsirup
- 1 EL geröstete Kürbiskerne

Zubereitung:

1. Heize den Ofen auf 200 Grad vor. Vermische die Auberginenwürfel mit 1 EL Olivenöl, Salz und Pfeffer. Breite sie auf einem Backblech aus und röste sie für 15 Minuten, bis sie weich und leicht gebräunt sind. Lass sie anschließend etwas abkühlen.

2. In der Zwischenzeit bereite das Dressing vor, indem du Balsamico-Essig, 2 EL Olivenöl und Ahornsirup in einer kleinen Schüssel gut verrührst. Stelle es beiseite.

3. In einer großen Schüssel vermische den Spinat, die abgekühlten Auberginenwürfel, die Blaubeeren und die gehackte Petersilie. Gib das Dressing über den Salat und mische alles gut durch, sodass der Salat gleichmäßig damit überzogen ist.

4. Zum Schluss streue die gerösteten Kürbiskerne über den Salat. Guten Appetit.

Snacks

Scharfe Kürbiskerne

Zubereitungszeit: 15 Minuten
Portionen: 1 Person

Zutaten:

- 50 g Kürbiskerne, ungesalzen
- 1/2 TL natives Olivenöl extra
- 1/2 TL Paprikapulver, scharf
- 1/4 TL Kurkuma
- 1 Prise Salz
- 1 Prise frisch gemahlener Pfeffer
- 1/4 TL getrockneter Rosmarin, fein gehackt

Zubereitung:

1. Heize den Ofen auf 180 Grad vor. In der Zwischenzeit gib die Kürbiskerne in eine mittelgroße Schüssel.

2. Füge das Olivenöl zu den Kürbiskernen hinzu und vermische es gründlich, sodass alle Kerne leicht mit dem Öl bedeckt sind.

3. Streue Paprikapulver, Kurkuma, Salz, Pfeffer und den fein gehackten Rosmarin über die ölbedeckten Kürbiskerne. Vermische alles gut, damit die Gewürze gleichmäßig verteilt sind.

4. Breite die gewürzten Kürbiskerne auf einem mit Backpapier ausgelegten Backblech aus. Achte darauf, dass sie in einer einzigen Schicht liegen, um eine gleichmäßige Röstung zu gewährleisten.

5. Röste die Kürbiskerne im vorgeheizten Ofen für etwa 10 Minuten oder bis sie goldbraun sind. Halte ein Auge darauf, um sicherzustellen, dass sie nicht verbrennen.

6. Nimm die gerösteten Kürbiskerne aus dem Ofen und lass sie vor dem Verzehr vollständig abkühlen. Guten Appetit.

Zucchininudeln mit Pesto

Zubereitungszeit: 20 Minuten
Portionen: 1 Person

Zutaten:

- 1 mittelgroße Zucchini, in Nudeln geschnitten
- 1 EL natives Olivenöl extra
- 50 g Austernpilze, grob gehackt
- 30 g Spinat, grob gehackt
- 10 g Parmesan, fein gerieben
- 2 EL Basilikum, gehackt
- 1 EL Pinienkerne, leicht geröstet
- 1 EL natives Olivenöl extra
- 1 EL Knoblauchöl
- Salz und Pfeffer nach Geschmack

Zubereitung:

1. Beginne damit, die Zucchini mit einem Spiralschneider in Nudeln zu schneiden. Falls du keinen Spiralschneider hast, kannst du auch einen Sparschäler verwenden, um dünne Zucchinistreifen zu erhalten.

2. Erhitze 1 EL Olivenöl in einer Pfanne auf mittlerer Stufe. Gib die Austernpilze hinzu und brate sie für etwa 5 Minuten, bis sie weich und leicht gebräunt sind. Nimm die Pilze aus der Pfanne und lege sie beiseite.

3. In derselben Pfanne gibst du die Zucchininudeln hinzu und brätst sie für 2-3 Minuten an, bis sie leicht weich sind, aber noch Biss haben. Achte darauf, sie nicht zu lange zu kochen, damit sie nicht matschig werden.

4. Während die Zucchininudeln braten, bereitest du das Pesto zu. In einem Mörser oder kleinen Mixer vermischt du den frischen Spinat, Basilikum, Parmesan, Pinienkerne, Olivenöl und das Knoblauchöl. Zerstoße oder mixe die Zutaten zu einer groben Paste. Schmecke mit Salz und Pfeffer ab.

5. Gib das Pesto zu den Zucchininudeln in die Pfanne. Vermische alles gut, sodass die Nudeln gleichmäßig mit dem Pesto bedeckt sind. Füge die gebratenen Austernpilze hinzu und werfe alles nochmals vorsichtig um.

6. Alles auf einem Teller anrichten. Bei Bedarf noch etwas Basilikum und geriebenen Parmesan darüberstreuen. Guten Appetit.

Paprika-Boote mit Quinoa-Füllung

Zubereitungszeit: 30 Minuten
Portionen: 1 Person

Zutaten:

- 1 rote Paprika, halbiert und entkernt
- 50 g Quinoa, gut gespült und abgetropft
- 100 ml Histaminikus Gemüse-brühe
- 1 EL natives Olivenöl extra
- 30 g Austernpilze, fein ge-schnitten
- 30 g Spinat, grob gehackt

- 1 EL Petersilie, fein gehackt
- 1/4 TL Salz
- 1/4 TL Paprikapulver
- 1 Prise Pfeffer
- 30 g laktosefreier Joghurt zum Garnieren
- Frische Kräuter zum Garnie-ren (z.B. Petersilie oder Schnittlauch)

Zubereitung:

1. Heize den Ofen auf 200 Grad vor. Lege die Paprikahälften auf ein mit Back-papier ausgelegtes Backblech und bestreiche sie leicht mit einem Teil des Olivenöls. Röste sie für etwa 15-20 Minuten im Ofen, bis sie weich sind, aber noch ihre Form behalten.

2. Währenddessen koche die Quinoa in einem kleinen Topf mit der Gemüse-brühe, bis sie weich und die Flüssigkeit vollständig absorbiert ist.

3. In einer Pfanne das restliche Olivenöl erhitzen. Füge die Austernpilze hinzu und brate sie unter gelegentlichem Rühren für 3-4 Minuten, bis sie weich sind. Gib dann den Spinat dazu und lass ihn zusammenfallen.

4. Vermische die gekochte Quinoa und die Pilz-Spinat-Mischung in einer Schüssel. Füge Petersilie, Salz, Paprikapulver und Pfeffer hinzu und mi-sche alles gut durch.

5. Verteile die Quinoa-Mischung gleichmäßig auf den gerösteten Paprika-hälften. Garniere sie mit laktosefreiem Joghurt und frischen Kräutern. Gu-ten Appetit.

Erdnussbutter-Himbeer-Riegel

Zubereitungszeit: 20 Minuten
Portionen: 1 Person

Zutaten:

- 100 g Erdnüsse, ungesalzen und geröstet
- 2 EL Erdnussbutter, naturbelassen und ohne Zusätze
- 1 EL Ahornsirup
- 100 g frische Himbeeren
- 2 EL Chiasamen
- 50 g dunkle Schokolade (mind. 70% Kakaoanteil)
- 1 TL natives Olivenöl extra

Zubereitung:

1. Die Erdnüsse in einen leistungsstarken Mixer geben und pulsieren, bis sie grob gehackt sind.

2. Erdnussbutter und Ahornsirup in einer mittelgroßen Schüssel vermischen. Die gehackten Erdnüsse hinzufügen und gut umrühren, bis alles gleichmäßig vermischt ist.

3. Die Himbeeren vorsichtig unter die Erdnussmischung heben, darauf achten, dass einige Himbeeren ganz bleiben.

4. Die Mischung in eine mit Backpapier ausgelegte quadratische Form drücken. Für eine gleichmäßige Schicht einen Löffel oder die Rückseite eines Glases verwenden.

5. In einem kleinen Topf die Schokolade zusammen mit dem Olivenöl bei niedriger Hitze schmelzen, dabei ständig rühren, um ein Anbrennen zu verhindern.

6. Die geschmolzene Schokolade gleichmäßig über die Erdnuss-Himbeer-Schicht verteilen. Die Chiasamen darüber streuen.

7. Für mindestens 1 Stunde in den Kühlschrank stellen, bis die Schokolade fest ist.

8. Nach dem Festwerden in Riegel schneiden. Guten Appetit.

Kokosjoghurt mit Beerenkompott

Zubereitungszeit: 20 Minuten
Portionen: 1 Person

Zutaten:

- 150 g Kokosjoghurt
- 100 g Erdbeeren, gewaschen und geviertelt
- 50 g Himbeeren, gewaschen
- 50 g Heidelbeeren, gewaschen

- 1 EL Ahornsirup
- 1 Prise Muskat
- 1 TL Chiasamen
- Einige Minzblätter für die Garnierung

Zubereitung:

1. In einem kleinen Topf die Erdbeeren, Himbeeren und Heidelbeeren bei mittlerer Hitze erwärmen. Sobald die Beeren anfangen zu zerfallen, füge den Ahornsirup und eine Prise Muskat hinzu. Rühre um und lasse es für etwa 5 Minuten köcheln, bis ein dickes Kompott entsteht. Nimm den Topf vom Herd und lass das Kompott ein wenig abkühlen.

2. Während das Kompott abkühlt, nimm eine Schüssel und fülle den Kokosjoghurt hinein. Rühre den Joghurt glatt.

3. Gib die Chiasamen in den Kokosjoghurt und rühre gut um. Lass die Mischung für etwa 5 Minuten stehen, damit die Chiasamen quellen können und dem Joghurt eine leicht dickere Konsistenz verleihen.

4. Sobald das Beerenkompott abgekühlt ist, schichte es vorsichtig über den Kokosjoghurt in der Schüssel.

5. Garniere es zum Schluss mit frischen Minzblättern. Guten Appetit.

Reiskuchen mit Erdnussbutter

Zubereitungszeit: 20 Minuten
Portionen: 1 Person

Zutaten:

- 50 g Reismehl
- 1 Bio-Ei Größe M
- 30 g Erdnüsse, grob gehackt
- 2 EL Erdnussbutter, naturbelassen und ohne Zusätze
- 1 TL Ahornsirup

- 50 ml Reismilch, ungesüßt
- 1/2 TL Backpulver
- 1 Prise Salz
- Natives Olivenöl extra für die Form

Zubereitung:

1. Heize deinen Backofen auf 180 Grad vor und fette eine kleine Backform leicht mit Olivenöl ein.

2. In einer Schüssel das Reismehl mit dem Backpulver und der Prise Salz mischen.

3. In einer anderen Schüssel das Ei aufschlagen und leicht verquirlen. Erdnussbutter, Ahornsirup und Reismilch hinzufügen und alles gut verrühren, bis eine homogene Masse entsteht.

4. Die trockenen Zutaten zu den feuchten geben und alles zu einem glatten Teig rühren. Die gehackten Erdnüsse unterheben.

5. Den Teig in die vorbereitete Form geben und glatt streichen.

6. Den Kuchen im vorgeheizten Backofen für etwa 15 Minuten backen, oder bis ein Zahnstocher sauber herauskommt.

7. Lass den Kuchen für ein paar Minuten in der Form abkühlen, bevor du ihn auf ein Gitter legst. Guten Appetit.

Auberginenröllchen

Zubereitungszeit: 30 Minuten
Portionen: 1 Person

Zutaten:

- 1 mittelgroße Aubergine, in 0,5 cm dicke Längsscheiben geschnitten
- 100 g frischer Spinat, grob gehackt
- 100 g Ricotta
- 1 EL natives Olivenöl extra
- 1 TL getrockneter Basilikum
- Salz und Pfeffer nach Geschmack
- 1 EL geriebener Parmesan
- 1 EL Pinienkerne, leicht geröstet

Zubereitung:

1. Heize deinen Ofen auf 200 Grad vor. Lege die Auberginenscheiben auf ein mit Backpapier ausgelegtes Backblech, bestreiche sie leicht mit Olivenöl und würze sie mit Salz und Pfeffer. Backe sie für etwa 10-15 Minuten, bis sie weich und leicht gebräunt sind.

2. Während die Auberginen im Ofen sind, erhitze ein wenig Olivenöl in einer Pfanne über mittlerer Hitze. Gib den Spinat hinzu und dünste ihn, bis er zusammenfällt. Das dauert etwa 2-3 Minuten. Nimm den Spinat vom Herd und lasse ihn etwas abkühlen.

3. In einer kleinen Schüssel mische den Ricotta mit dem abgekühlten Spinat, dem Basilikum, Salz und Pfeffer. Rühre alles gut durch, bis eine homogene Masse entsteht.

4. Nimm die Auberginenscheiben aus dem Ofen und lasse sie kurz abkühlen. Lege dann auf jedes Scheibchen eine Portion der Spinat-Ricotta-Mischung. Rolle die Scheiben vorsichtig auf.

5. Lege die Auberginenröllchen mit der Nahtseite nach unten in eine Auflaufform. Bestreue sie mit dem geriebenen Parmesan und den gerösteten Pinienkernen.

6. Backe die Röllchen weitere 10 Minuten im Ofen, bis der Käse goldbraun ist. Guten Appetit.

Tomaten-Basilikum-Bruschetta auf Brot

Zubereitungszeit: 15 Minuten
Portionen: 1 Person

Zutaten:

- 2 Scheiben glutenfreies Brot
- 1 mittelgroße Tomate, gewürfelt
- 4-5 Blätter frischer Basilikum, fein gehackt
- 1 EL natives Olivenöl extra
- 1 TL Balsamico-Essig
- Salz und Pfeffer nach Geschmack
- 1 TL frisch geriebener Parmesan

Zubereitung:

1. Toaste die Brotscheiben in einem Toaster, bis sie knusprig sind.

2. In einer kleinen Schüssel die gewürfelten Tomaten, gehackten Basilikum, Olivenöl und Balsamico-Essig vermischen. Mit Salz und Pfeffer abschmecken.

3. Verteile die Tomaten-Basilikum-Mischung gleichmäßig auf den getoasteten Brotscheiben.

4. Wenn du möchtest, streue etwas frisch geriebenen Parmesan über die Bruschetta. Guten Appetit.

Fruchtspieße mit dunkler Schokolade

Zubereitungszeit: 20 Minuten
Portionen: 4 Spieße

Zutaten:

- 100 g dunkle Schokolade (mind. 70% Kakaoanteil)
- 8 Erdbeeren, gewaschen und halbiert
- 1 Kiwi, geschält und in Würfel geschnitten
- 8 Himbeeren
- 8 Blaubeeren
- 4 Holzspieße

Zubereitung:

1. Breche die dunkle Schokolade in kleine Stücke und schmelze sie vorsichtig in einem Wasserbad oder in der Mikrowelle. Achte darauf, dass sie nicht zu heiß wird.

2. Während die Schokolade schmilzt, bereite die Früchte vor. Stelle sicher, dass die Erdbeeren, Kiwi, Himbeeren und Blaubeeren gewaschen und entsprechend vorbereitet sind.

3. Fädle abwechselnd die Fruchtstücke auf die Holzspieße. Beginne mit einer Erdbeerhälfte, gefolgt von einem Kiwistück, dann einer Himbeere und zum Schluss einer Blaubeere. Wiederhole den Vorgang, bis der Spieß bunt gefüllt ist.

4. Sobald die Schokolade geschmolzen ist, halte die Fruchtspieße über die Schüssel und träufle mit einem kleinen Löffel die geschmolzene Schokolade über die Früchte. Du kannst die Spieße auch direkt in die Schokolade tauchen, um eine dickere Schokoladenschicht zu bekommen.

5. Lege die schokoladenüberzogenen Spieße auf ein mit Backpapier ausgelegtes Tablett. Lasse die Schokolade an einem kühlen Ort fest werden.

6. Sobald die Schokolade hart geworden ist, sind deine Fruchtspieße fertig. Guten Appetit.

Gemüsesticks mit Käse-Dip

Zubereitungszeit: 20 Minuten
Portionen: 1 Person

Zutaten:

- **Für die Gemüsesticks:**
- 1 kleine Karotte, in Sticks geschnitten
- 1/4 Gurke, in Sticks geschnitten
- 5 Stücke Hokkaido Kürbis, in dünne Scheiben geschnitten
- 1/2 rote Paprika, in Sticks geschnitten

- **Für den Käse-Dip:**
- 50 g Hartkäse (z.B. Cheddar), fein gerieben
- 100 ml laktosefreie Milch
- 1 TL Maisstärke
- 1 TL natives Olivenöl extra
- Eine Prise Muskat
- Salz und Pfeffer nach Geschmack

Zubereitung:

1. Beginne mit den Gemüsesticks. Wasche das Gemüse gründlich und schneide es in Sticks bzw. dünne Scheiben. Lege sie beiseite auf einen Teller.

2. Für den Käse-Dip gibst du die Milch in einen kleinen Topf. Rühre die Maisstärke in einem kleinen Becher mit ein wenig kalter Milch glatt und füge diese Mischung dann zu der Milch im Topf hinzu. Erhitze die Milch auf mittlerer Stufe und rühre stetig, um Klümpchen zu vermeiden.

3. Wenn die Milch anfängt zu verdicken, reduziere die Hitze und füge den geriebenen Hartkäse hinzu. Rühre weiter, bis der Käse vollständig geschmolzen ist und eine gleichmäßige, cremige Masse entsteht.

4. Mische nun das Olivenöl unter und würze den Dip mit einer Prise Muskat, Salz und Pfeffer. Rühre alles gut durch, bis der Dip eine geschmeidige Konsistenz hat.

5. Richte die Gemüsesticks auf einem Teller an und serviere den warmen Käse-Dip in einem kleinen Schälchen dazu. Guten Appetit.

Beilagen

Geröstete Kürbisspalten

Zubereitungszeit: 30 Minuten
Portionen: 1 Person

Zutaten:

- 200 g Hokkaido Kürbis, in Spalten geschnitten
- 1 EL natives Olivenöl extra
- 1 TL getrockneter Rosmarin
- 1/4 TL Salz
- 1/4 TL Pfeffer
- 2 EL Kürbiskerne
- 1 EL frisch gepresster Bio-Orangensaft
- Einige Blätter frischer Spinat zur Garnierung

Zubereitung:

1. Heize deinen Ofen auf 200 Grad vor. Während der Ofen vorheizt, schneide den Hokkaido Kürbis in Spalten. Die Schale kannst du dranlassen, denn sie ist essbar und wird beim Rösten knusprig.

2. Lege die Kürbisspalten auf ein mit Backpapier ausgelegtes Backblech. Gib das Olivenöl, den Rosmarin, Salz und Pfeffer darüber. Vermische alles direkt auf dem Backblech, sodass die Kürbisspalten gleichmäßig gewürzt sind.

3. Röste die Kürbisspalten im Ofen für etwa 20-25 Minuten, bis sie goldbraun und weich sind. Die genaue Zeit kann je nach Dicke der Spalten variieren, also behalte sie im Auge.

4. Während der Kürbis röstet, röste die Kürbiskerne in einer trockenen Pfanne auf mittlerer Hitze für 3-4 Minuten, bis sie anfangen zu duften. Achte darauf, sie nicht anzubrennen.

5. Sobald der Kürbis fertig ist, lege die Spalten auf einen Teller. Träufle den frisch gepressten Orangensaft darüber und bestreue alles mit den gerösteten Kürbiskernen. Garniere es zum Schlussmit einigen frischen Spinatblättern. Guten Appetit.

Gebratene grüne Bohnen mit Sojasauce

Zubereitungszeit: 20 Minuten
Portionen: 1 Person

Zutaten:

- 150 g grüne Bohnen, Enden entfernt und halbiert
- 1 EL Knoblauchöl
- 50 g Austernpilze, grob gehackt
- 1/2 kleine Karotte, in dünne Scheiben geschnitten
- 1 EL Tamari Sojasauce
- 1/2 TL getrockneter Oregano
- 1/2 TL getrockneter Thymian
- Salz und Pfeffer nach Geschmack
- Frische Petersilie, gehackt, zum Garnieren

Zubereitung:

1. Erhitze das Knoblauchöl in einer Pfanne über mittlerer Hitze. Gib die grünen Bohnen und Karottenscheiben in die Pfanne und brate sie für etwa 5 Minuten an, bis sie leicht gebräunt sind.

2. Füge die Austernpilze hinzu und brate alles zusammen für weitere 5 Minuten, bis die Pilze weich und die Bohnen vollständig gar sind.

3. Würze das Gemüse mit Tamari Sojasauce, Oregano, Thymian, Salz und Pfeffer. Rühre alles gut um, sodass die Gewürze gleichmäßig verteilt sind.

4. Lasse das Gemüse noch ein paar weitere Minuten auf dem Herd. Achte darauf, dass die Bohnen und Pilze nicht zu weich werden.

5. Sobald alles fertig gebraten ist, nimm die Pfanne vom Herd. Gib die gebratenen grünen Bohnen und Austernpilze auf einen Teller.

6. Garniere das Gericht mit frischer Petersilie und serviere es. Guten Appetit.

Karotten-Püree mit Ingwer

Zubereitungszeit: 25 Minuten
Portionen: 1 Person

Zutaten:

- 150 g Karotten, geschält und in kleine Stücke geschnitten
- 1 TL frischer Ingwer, fein gerieben
- 1 EL natives Olivenöl extra
- 100 ml laktosefreie Milch oder ungesüßte Mandelmilch
- Salz nach Geschmack
- Eine Prise Muskat
- Frische Petersilie, fein gehackt, zum Garnieren

Zubereitung:

1. Fülle einen mittelgroßen Topf mit Wasser und bringe es zum Kochen. Gib die Karottenstücke in das kochende Wasser und koche sie für etwa 10-15 Minuten, bis sie weich sind.

2. Während die Karotten kochen, erhitze das Olivenöl in einer kleinen Pfanne auf mittlerer Stufe. Füge den geriebenen Ingwer hinzu und dünste ihn für 2-3 Minuten, bis er duftet. Achte darauf, dass der Ingwer nicht verbrennt.

3. Sobald die Karotten weich sind, gieße das Wasser ab und gib die Karotten zurück in den Topf. Füge die Ingwer-Olivenöl-Mischung hinzu.

4. Gieße die laktosefreie Milch oder Mandelmilch dazu und beginne, die Karotten mit einem Pürierstab zu pürieren. Wenn du kein glattes Püree erhältst, kannst du nach Bedarf noch etwas Milch hinzufügen.

5. Würze das Püree mit Salz und einer Prise Muskat. Rühre alles gut um, bis die Gewürze gleichmäßig verteilt sind.

6. Gib das Püree in eine Servierschale und garniere es mit der frisch gehackten Petersilie. Guten Appetit.

Gegrillte Auberginen mit Balsamico-Glasur

Zubereitungszeit: 30 Minuten
Portionen: 1 Person

Zutaten:

- 1 mittelgroße Aubergine, in 1 cm dicke Scheiben geschnitten
- 2 EL natives Olivenöl extra
- Salz und Pfeffer nach Geschmack
- 2 EL Balsamico-Essig
- 1 TL Ahornsirup
- 1/2 TL getrockneter Oregano
- 1 EL frisch gehackte Petersilie

Zubereitung:

1. Heize deinen Grill oder eine Grillpfanne auf mittlerer bis hoher Stufe vor. Währenddessen kannst du die Auberginenscheiben beidseitig mit Olivenöl bestreichen und leicht mit Salz und Pfeffer würzen.

2. Lege die Auberginenscheiben auf den Grill oder in die Grillpfanne. Grill sie für etwa 4-5 Minuten auf jeder Seite, bis sie gebräunt und weich sind.

3. Während die Auberginen grillen, verquirle in einer kleinen Schüssel den Balsamico-Essig mit dem Ahornsirup und dem getrockneten Oregano.

4. Sobald die Auberginen gegrillt sind, lege sie auf einen Teller. Träufele die Balsamico-Glasur über die warmen Auberginenscheiben und bestreue sie mit frisch gehackter Petersilie. Guten Appetit.

Zucchini-Fritter mit Joghurtdip

Zubereitungszeit: 25 Minuten
Portionen: 1 Person

Zutaten:

- **Für die Fritter:**
- 1 mittelgroße Zucchini, grob gerieben und Wasser ausgedrückt
- 2 EL Dinkelmehl
- 1 Bio-Ei Größe M, verquirlt
- 1/4 TL Salz
- 1/4 TL Pfeffer
- 1/4 TL Paprikapulver
- Natives Olivenöl extra zum Braten

- **Für den Joghurtdip:**
- 100 g laktosefreier Joghurt
- 1 TL frisch gehackte Petersilie
- 1 TL frisch gehackter Schnittlauch
- 1/4 TL Salz
- 1/4 TL Pfeffer
- 1 TL Bio-Zitronensaft, frisch gepresst

Zubereitung:

1. Beginne mit den Zucchini-Frittern. Mische in einer Schüssel die geriebene Zucchini, Dinkelmehl, das verquirlte Ei, Salz, Pfeffer und Paprikapulver, bis eine homogene Masse entsteht.

2. Erhitze ein wenig Olivenöl in einer Pfanne auf mittlerer Stufe. Gib mit einem Löffel kleine Portionen der Zucchinimasse in die Pfanne und drücke sie leicht flach. Brate die Fritter von beiden Seiten goldbraun und kross, etwa 3-4 Minuten pro Seite. Lege sie nach dem Braten auf Küchenpapier, um überschüssiges Öl aufzusaugen.

3. Für den Joghurtdip vermische in einer kleinen Schüssel den laktosefreien Joghurt mit der Petersilie, dem Schnittlauch, Salz, Pfeffer und frisch gepresstem Zitronensaft. Rühre alles gut durch, bis eine gleichmäßige Konsistenz erreicht ist.

4. Serviere die warmen Zucchini-Fritter mit dem frischen Joghurtdip. Guten Appetit.

Knusprige Polenta-Ecken mit Rosmarin

Zubereitungszeit: 30 Minuten
Portionen: 1 Person

Zutaten:

- 250 ml Wasser
- 65 g Polenta
- 1 EL natives Olivenöl extra
- 1/2 TL Salz
- 1 TL frischer Rosmarin, fein gehackt
- 1/4 TL Paprikapulver
- Natives Olivenöl extra zum Braten

Zubereitung:

1. Bringe das Wasser in einem mittelgroßen Topf zum Kochen. Sobald es kocht, reduziere die Hitze auf mittlere Stufe und streue langsam die Polenta unter ständigem Rühren ein. Füge das Salz hinzu.

2. Koche die Polenta unter regelmäßigem Rühren etwa 10-15 Minuten, bis sie dick und cremig wird. Rühre den gehackten Rosmarin und das Paprikapulver ein.

3. Breite ein Stück Backpapier auf einer Arbeitsfläche aus. Gieße die Polenta darauf und forme mit einem Spatel eine etwa 1 cm dicke, rechteckige Platte. Lasse die Polenta komplett abkühlen und fest werden.

4. Wenn die Polenta fest ist, schneide sie in vier gleich große Ecken.

5. Erhitze etwas Olivenöl in einer Pfanne über mittlerer Hitze. Brate die Polenta-Ecken von beiden Seiten goldbraun und knusprig, etwa 3-4 Minuten pro Seite.

6. Lege die Ecken auf einen Teller und serviere sie heiß. Guten Appetit.

Grünkohl-Chips

Zubereitungszeit: 25 Minuten
Portionen: 1 Person

Zutaten:

- 100 g Grünkohl, frisch und gründlich gewaschen, von den dicken Stielen befreit und in mundgerechte Stücke zerrissen
- 1 EL natives Olivenöl extra
- 1/4 TL Meersalz
- 1/4 TL Paprikapulver, edelsüß
- 1/4 TL Knoblauchöl

Zubereitung:

1. Heize deinen Ofen auf 150 Grad vor. Währenddessen bereitest du ein Backblech mit Backpapier vor, damit die Chips nicht kleben bleiben.

2. Gib den vorbereiteten Grünkohl in eine große Schüssel. Achte darauf, dass er wirklich trocken ist, damit die Chips später knusprig werden.

3. Verteile das Olivenöl gleichmäßig über den Grünkohl.

4. Wenn du magst, gib jetzt ein paar Tropfen Knoblauchöl dazu.

5. Streue das Meersalz und das Paprikapulver über den Grünkohl und vermische alles gut, sodass jedes Blatt leicht gewürzt ist.

6. Verteile den Grünkohl nun in einer einzigen Schicht auf dem Backblech. Achte darauf, dass die Blätter nicht übereinander liegen, damit sie alle gleichmäßig knusprig werden.

7. Backe die Grünkohl-Chips für etwa 15-20 Minuten im Ofen. Halte ein Auge darauf, denn je nach Ofen können sie schneller fertig sein. Sie sollten am Ende knusprig sein, aber nicht verbrennen.

8. Nimm die Chips aus dem Ofen und lass sie ein paar Minuten abkühlen, bevor du sie genießt. Guten Appetit.

Hirsebratlinge mit Kräuterquark

Zubereitungszeit: 30 Minuten
Portionen: 4 Bratlinge

Zutaten:

- **Für die Bratlinge:**
- 100 g Hirse, gut gespült und abgetropft
- 250 ml Histaminikus Gemüsebrühe
- 1 EL natives Olivenöl extra
- 1/4 TL Salz
- 1/4 TL Paprikapulver
- 1/4 TL Kurkuma
- 1 EL gehackte Petersilie
- 1 kleine Karotte, fein gerieben
- 2 EL Kichererbsen aus der Dose, gut abgespült und fein zerdrückt
- **Für den Kräuterquark:**
- 100 g laktosefreier Joghurt
- 1 EL Schnittlauch, fein geschnitten
- 1/4 TL Salz
- 1 Prise Pfeffer
- 1 TL natives Olivenöl extra
- 1/2 TL Bio-Zitronensaft, frisch gepresst

Zubereitung:

1. Die Hirse in einem Topf mit der Gemüsebrühe nach Packungsanleitung kochen. Sobald die Hirse weich ist, vom Herd nehmen und abkühlen lassen.

2. In einer großen Schüssel die abgekühlte Hirse mit Olivenöl, Salz, Paprikapulver, Kurkuma, gehackter Petersilie, geriebener Karotte und zerdrückten Kichererbsen gut vermengen. Mit feuchten Händen vier Bratlinge formen.

3. Eine Pfanne mit etwas Olivenöl erhitzen und die Bratlinge von beiden Seiten goldbraun anbraten. Währenddessen für den Kräuterquark den Joghurt in einer kleinen Schüssel mit Schnittlauch, Salz, Pfeffer, Olivenöl und Zitronensaft verrühren.

4. Die fertigen Hirsebratlinge auf einem Teller anrichten und den Kräuterquark dazu servieren. Guten Appetit.

Ofenkartoffeln mit Dill

Zubereitungszeit: 35 Minuten
Portionen: 1 Person

Zutaten:

- 200 g Kartoffeln, gewaschen und in Würfel geschnitten
- 1 EL natives Olivenöl extra
- 1/2 TL Salz
- 1/4 TL Pfeffer
- 1/2 TL getrockneter Dill
- 1 EL frischer Schnittlauch, fein gehackt
- 50 g laktosefreier Joghurt

Zubereitung:

1. Heize deinen Ofen auf 200 Grad vor. Während der Ofen aufheizt, gib die gewürfelten Kartoffeln in eine große Schüssel.

2. Füge das Olivenöl, Salz, Pfeffer und den getrockneten Dill zu den Kartoffeln hinzu. Vermische alles gründlich, sodass die Kartoffelwürfel gleichmäßig mit den Gewürzen und dem Öl bedeckt sind.

3. Breite die Kartoffelwürfel auf einem mit Backpapier ausgelegten Backblech aus. Achte darauf, dass sie nicht übereinanderliegen, damit sie knusprig werden.

4. Backe die Kartoffeln für etwa 25 Minuten im Ofen, bis sie goldbraun und knusprig sind. Nach der Hälfte der Backzeit, wende die Kartoffeln einmal, um eine gleichmäßige Bräune zu bekommen.

5. Während die Kartoffeln im Ofen sind, kannst du den Schnittlauch fein hacken.

6. Sobald die Kartoffeln fertig sind, nimm sie aus dem Ofen und gib sie in eine Servierschüssel. Bestreue sie mit dem frischen Schnittlauch.

7. Serviere die Ofenkartoffeln mit einem Klecks laktosefreiem Joghurt. Guten Appetit.

Spinat-Quinoa-Salat

Zubereitungszeit: 20 Minuten
Portionen: 1 Person

Zutaten:

- 50 g Quinoa, gut gespült und abgetropft
- 150 ml Wasser
- 1 Handvoll Spinat, frisch
- 30 g Gurke, gewürfelt
- 1 EL natives Olivenöl extra
- 2 EL frisch gepresster Bio-Zitronensaft
- 1 TL Ahornsirup
- Salz und Pfeffer nach Geschmack
- 1 EL gehackte Petersilie
- 2 EL Kürbiskerne

Zubereitung:

1. Gib den Quinoa zusammen mit dem Wasser in einen kleinen Topf. Bringe das Wasser zum Kochen, reduziere dann die Hitze und lasse den Quinoa für etwa 15 Minuten köcheln, bis er weich ist und das Wasser vollständig aufgenommen wurde. Nimm den Topf vom Herd und lass den Quinoa etwas abkühlen.

2. Während der Quinoa kocht, bereite das Zitronendressing vor. Vermische in einer kleinen Schüssel den Olivenöl, Zitronensaft, Ahornsirup, Salz und Pfeffer. Rühre alles gut um, bis ein gleichmäßiges Dressing entsteht.

3. In einer großen Schüssel vermische den abgekühlten Quinoa, den Spinat und die gewürfelte Gurke. Gieße das Zitronendressing über den Salat und vermische alles sorgfältig, damit der Salat gleichmäßig mit dem Dressing überzogen ist.

4. Streue die gehackte Petersilie und Kürbiskerne über den Salat.

5. Schmecke den Salat nochmals mit Salz und Pfeffer ab und richte ihn auf einem Teller an. Guten Appetit.

Desserts

Erdbeer-Sorbet mit Minze

Zubereitungszeit: ca. 20 Minuten + Gefrierzeit
Portionen: 1 Person

Zutaten:

- 150 g Erdbeeren, frisch und gewaschen
- 1 EL frische Minzblätter, fein gehackt
- 2 EL Rohrzucker
- 60 ml Wasser
- 1 TL Bio-Zitronensaft, frisch gepresst

Zubereitung:

1. In einem kleinen Topf das Wasser zusammen mit dem Rohrzucker bei mittlerer Hitze erhitzen. Rühre kontinuierlich, bis der Zucker sich vollständig aufgelöst hat. Sobald die Mischung klar wird, nimm den Topf vom Herd und lass den Sirup abkühlen.

2. Während der Sirup abkühlt, gib die Erdbeeren in einen Mixer. Füge den frisch gepressten Zitronensaft hinzu. Püriere die Erdbeeren, bis eine glatte Masse entsteht.

3. Füge den abgekühlten Sirup und die fein gehackten Minzblätter zum Erdbeerpüree hinzu. Mixe alles noch einmal kurz durch, um die Minze gleichmäßig zu verteilen.

4. Gieße die Mischung in eine flache, gefriergeeignete Schale. Stelle die Schale für mindestens 2 Stunden ins Gefrierfach. Rühre die Mischung alle 30 Minuten um, um große Eiskristalle zu vermeiden und eine cremige Konsistenz zu bekommen.

5. Nachdem das Sorbet die gewünschte Konsistenz erreicht hat, nimm es aus dem Gefrierfach. Verwende einen Eisportionierer oder einen Löffel, um das Sorbet zu formen. Guten Appetit.

Gebackene Kiwispalten

Zubereitungszeit: 20 Minuten
Portionen: 1 Person

Zutaten:

- 2 Kiwis, geschält und in Spalten geschnitten
- 1/2 TL Zimt
- 1 TL Ahornsirup
- 1 EL gehackte Kürbiskerne
- Ein Spritzer frischer Bio-Zitronensaft
- Einige frische Minzblätter zur Garnierung

Zubereitung:

1. Heize deinen Ofen auf 180 Grad vor. Währenddessen bereitest du ein Backblech vor, indem du es mit Backpapier auslegst.

2. Nimm die geschälten Kiwispalten und lege sie auf das Backblech. Beträufle die Kiwispalten gleichmäßig mit Ahornsirup und bestreue sie dann mit dem Zimt.

3. Backe die Kiwispalten für etwa 10 Minuten im vorgeheizten Ofen, bis sie leicht weich sind, aber noch eine gewisse Festigkeit haben.

4. Nach dem Backen die Kiwispalten kurz abkühlen lassen. Dann lege sie auf einen Teller.

5. Gib einen Spritzer frischen Zitronensaft über die gebackenen Kiwispalten und garniere das Ganze mit den gehackten Kürbiskernen und einigen frischen Minzblättern. Guten Appetit.

Reismilch-Pudding

Zubereitungszeit: 20 Minuten
Portionen: 1 Person

Zutaten:

- 200 ml Reismilch, ungesüßt
- 2 TL Ahornsirup
- 1 TL Maisstärke
- 1/4 TL Vanilleextrakt
- 5-6 Erdbeeren, gewürfelt
- Eine Prise Muskat

Zubereitung:

1. Gieße die Reismilch in einen kleinen Topf. Vermische den Ahornsirup und die Maisstärke in einer separaten kleinen Schüssel, bis sie glatt sind, und rühre sie dann in die Reismilch ein.

2. Erhitze die Mischung bei mittlerer Hitze und rühre stetig, bis sie beginnt, einzudicken und leicht köchelt. Das dauert etwa 5-7 Minuten.

3. Sobald die Mischung dickflüssig wird und die Konsistenz eines Puddings annimmt, nimm den Topf vom Herd und rühre den Vanilleextrakt sowie eine Prise Muskat unter.

4. Gieße den Pudding in eine Schale und lasse ihn etwa 10 Minuten abkühlen. Währenddessen die Erdbeeren in kleine Würfel schneiden.

5. Verteile die Erdbeerwürfel gleichmäßig auf dem leicht abgekühlten Pudding.

6. Stelle den Pudding vor dem Servieren für mindestens 1 Stunde in den Kühlschrank, damit er vollständig abkühlt und fest wird. Guten Appetit.

Himbeer-Chia-Pudding

Zubereitungszeit: 15 Minuten
Portionen: 1 Person

Zutaten:

- 150 ml Mandelmilch, unge-süßt
- 30 g Chiasamen
- 100 g Himbeeren, frisch
- 1 TL Ahornsirup
- 1/4 TL Vanilleextrakt
- Einige frische Minzblätter zur Garnierung

Zubereitung:

1. Gib die Mandelmilch in eine Schüssel. Füge Chiasamen, Ahornsirup und Vanilleextrakt hinzu. Rühre die Mischung gut um, sodass die Chiasamen gleichmäßig in der Mandelmilch verteilt sind und beginnen können, die Flüssigkeit aufzusaugen.

2. Lasse die Chiasamen-Mischung für etwa 10 Minuten quellen. Rühre zwischendurch ein paar Mal um, damit die Chiasamen nicht am Boden kleben bleiben und eine gleichmäßige Konsistenz entsteht.

3. Während die Chiasamen quellen, nimm die Himbeeren zur Hand. Lege einige Beeren für die Garnierung zur Seite und zerdrücke den Rest leicht mit einer Gabel in einer separaten Schüssel.

4. Nachdem die Chiasamen gequollen sind, beginne mit dem Schichten deines Puddings. Gib zuerst eine Schicht der zerdrückten Himbeeren in ein Glas.

5. Füge darauf eine Schicht des Chia-Puddings hinzu. Wiederhole diesen Schritt, bis alle Zutaten aufgebraucht sind, und beende es mit einer Schicht Chia-Pudding.

6. Garniere den Pudding mit den zur Seite gelegten Himbeeren und einigen frischen Minzblättern.

7. Stelle den Pudding für etwa 15 Minuten in den Kühlschrank, damit er noch etwas fester wird. Guten Appetit.

Fruchteis mit dunkler Schokolade

Zubereitungszeit: 15 Minuten + Gefrierzeit
Portionen: 1 Person

Zutaten:

- 100 g Erdbeeren, frisch und gewaschen
- 50 g Himbeeren, frisch
- 1 EL Ahornsirup
- 30 g dunkle Schokolade (mind. 70% Kakaoanteil), grob gehackt
- 1 TL natives Olivenöl extra
- Einige Minzblätter für die Garnierung

Zubereitung:

1. Gib die Erdbeeren und Himbeeren in einen leistungsstarken Mixer. Füge den Ahornsirup hinzu und mixe alles, bis eine glatte Masse entsteht. Falls die Mischung zu dick ist, kannst du ein paar EL Wasser hinzufügen, um die gewünschte Konsistenz zu erreichen.

2. Schmelze die dunkle Schokolade zusammen mit dem Olivenöl in einer kleinen Schüssel über einem Wasserbad. Rühre kontinuierlich, bis eine gleichmäßige Schokoladensauce entstanden ist.

3. Gieße die Fruchtmischung in eine kleine, gefriergeeignete Form. Träufle die geschmolzene Schokolade über die Fruchtmasse. Mit einem Zahnstocher oder einer Gabel kannst du ein Muster erzeugen, indem du die Schokolade leicht unterrührst.

4. Stelle die Form für mindestens 4 Stunden in das Gefrierfach, bis das Eis fest geworden ist.

5. Vor dem Servieren das Eis für 5-10 Minuten bei Raumtemperatur etwas antauen lassen, damit es sich leichter löffeln lässt. Mit frischen Minzblättern garnieren. Guten Appetit.

Beerenkuchen

Zubereitungszeit: 35 Minuten
Portionen: 1 Person

Zutaten:

- 50 g Dinkelmehl
- 1 Bio-Ei Größe M
- 20 ml laktosefreie Milch
- 2 TL Ahornsirup
- 1/2 TL Backpulver

- Eine Prise Salz
- 50 g Heidelbeeren, frisch
- 50 g Himbeeren, frisch
- 1 TL natives Olivenöl extra zum Einfetten der Form

Zubereitung:

1. Heize deinen Ofen auf 180 Grad vor. Fette eine kleine Backform mit dem Olivenöl ein.

2. In einer Schüssel vermischst du das Dinkelmehl, Backpulver und eine Prise Salz.

3. Schlage das Ei in einer anderen Schüssel auf und füge die Milch sowie den Ahornsirup hinzu. Verquirle diese Zutaten gut, bis eine homogene Masse entsteht.

4. Vermische die nassen Zutaten mit den trockenen Zutaten. Rühre vorsichtig, bis alles gut vermischt ist. Der Teig sollte glatt sein, aber nicht zu lange rühren, um die Beeren nicht zu zerdrücken.

5. Hebe vorsichtig die Heidelbeeren und Himbeeren unter den Teig. Achte darauf, sie sanft einzuarbeiten, damit sie ihre Form behalten.

6. Gieße den Teig in die vorbereitete Form und verteile ihn gleichmäßig.

7. Backe den Kuchen für 20-25 Minuten, bis ein in die Mitte gesteckter Zahnstocher sauber herauskommt.

8. Lasse den Kuchen nach dem Backen in der Form etwas abkühlen, bevor du ihn vorsichtig herausnimmst. Guten Appetit.

Orangen-Quark-Creme

Zubereitungszeit: 15 Minuten
Portionen: 1 Person

Zutaten:

- 100 g laktosefreier Quark
- 1 Bio-Orange, Saft und Abrieb
- 1 TL Ahornsirup
- 1 EL gehackte Kürbiskerne
- Ein paar frische Minzblätter zur Garnierung

Zubereitung:

1. Den laktosefreien Quark in eine Schüssel geben.

2. Die Orange gründlich waschen und die Schale fein abreiben. Halbiere die Orange und presse den Saft aus. Sowohl den Abrieb als auch den Saft zum Quark hinzufügen.

3. Füge den Ahornsirup zur Mischung hinzu und verrühre alles gründlich, bis eine gleichmäßige Creme entsteht.

4. Die Creme in eine Dessertschale füllen.

5. Die gehackten Kürbiskerne in einer trockenen Pfanne leicht anrösten, bis sie duften, und dann über die Creme streuen.

6. Die Creme zum Schluss mit frischen Minzblättern garnieren. Guten Appetit.

Schokoladen-Mousse mit Tofu

Zubereitungszeit: 15 Minuten
Portionen: 1 Person

Zutaten:

- 150 g fester Tofu, gut abgetropft
- 30 g dunkle Schokolade (mind. 70% Kakaoanteil), zerkleinert
- 1 EL Ahornsirup
- 1/4 TL Vanilleextrakt
- Eine Prise Muskat
- Frische Erdbeeren zur Garnierung

Zubereitung:

1. Zuerst den Tofu gründlich abtropfen lassen. Du kannst ihn ein paar Minuten in ein Küchentuch einwickeln und leicht pressen, um überschüssiges Wasser zu entfernen. Anschließend den Tofu in grobe Stücke schneiden.

2. Die Schokolade in einem kleinen Topf bei niedriger Hitze schmelzen lassen. Dabei ständig rühren, um sicherzustellen, dass die Schokolade nicht anbrennt. Sobald sie vollständig geschmolzen ist, den Topf vom Herd nehmen und kurz abkühlen lassen.

3. Gib den Tofu, die geschmolzene Schokolade, Ahornsirup und Vanilleextrakt in einen Mixer. Mixe alles auf hoher Stufe, bis eine glatte und cremige Masse entsteht. Falls die Masse zu dick ist, kannst du ein paar Esslöffel Wasser hinzufügen, um die gewünschte Konsistenz zu erreichen.

4. Die Mousse mit einer Prise Muskat verfeinern und noch einmal kurz durchmixen.

5. Die Schokoladen-Mousse in eine Schale oder ein Dessertglas füllen und für mindestens 1 Stunde in den Kühlschrank stellen, damit sie fest wird.

6. Vor dem Servieren mit frischen Erdbeeren garnieren. Die Erdbeeren waschen, trocknen und je nach Größe halbieren oder vierteln. Guten Appetit.

Blaubeer-Crumble mit Haferflocken

Zubereitungszeit: 25 Minuten
Portionen: 1 Person

Zutaten:

- 100 g frische Heidelbeeren
- 30 g Haferflocken
- 1 EL Ahornsirup
- 1/4 TL Zimt
- 1 EL gehackte Kürbiskerne
- 1 EL laktosefreie Margarine
- 1 Prise Muskat
- 1 EL Rohrzucker

Zubereitung:

1. Heize deinen Backofen auf 180 Grad vor. Nimm eine kleine Auflaufform und verteile die frischen Heidelbeeren gleichmäßig auf dem Boden.

2. In einer separaten Schüssel vermische die Haferflocken, den Ahornsirup, Zimt, gehackte Kürbiskerne, eine Prise Muskat und den Rohrzucker. Gib zu dieser Mischung die Margarine hinzu und knete sie mit den Fingern durch, bis alles gut vermengt ist und die Mischung krümelig wird.

3. Streue die Haferflocken-Mischung über die Heidelbeeren in der Auflaufform. Achte darauf, dass die Heidelbeeren gleichmäßig bedeckt sind.

4. Backe den Crumble für etwa 15 Minuten im vorgeheizten Ofen, oder bis die Haferflockenmischung golden und knusprig ist.

5. Lass den Blaubeer-Crumble für einige Minuten abkühlen, bevor du ihn servierst. Optional kannst du ihn mit einem Klecks laktosefreiem Joghurt genießen. Guten Appetit.

Erdnussbutter-Hafer-Riegel

Zubereitungszeit: 25 Minuten
Portionen: 1 Person

Zutaten:

- 100 g Haferflocken
- 50 g Erdnüsse, ungesalzen und grob gehackt
- 30 g Kürbiskerne
- 2 EL Erdnussbutter, naturbelassen und ohne Zusätze
- 3 EL Ahornsirup
- 1 EL natives Olivenöl extra
- 1 TL Vanilleextrakt
- Eine Prise Salz
- 25 g dunkle Schokolade (mind. 70% Kakaoanteil)
- 2 EL Chiasamen

Zubereitung:

1. Heize den Ofen auf 180 Grad vor und belege ein Backblech mit Backpapier.

2. In einer großen Schüssel mische Haferflocken, Erdnüsse und Kürbiskerne.

3. In einem kleinen Topf erwärme Erdnussbutter, Ahornsirup und Olivenöl bei niedriger Hitze. Rühre stetig, bis eine homogene Masse entsteht. Nimm den Topf vom Herd und rühre Vanilleextrakt und Salz unter.

4. Gieße die flüssige Erdnussbutter-Mischung über die trockenen Zutaten. Füge die Chiasamen hinzu und vermische alles gründlich, bis die trockenen Zutaten gleichmäßig benetzt sind.

5. Verteile die Mischung gleichmäßig auf dem Backblech und drücke sie leicht an, um eine flache Schicht zu bilden.

6. Backe die Mischung für 15 Minuten, oder bis die Ränder leicht goldbraun sind. Lass sie nach dem Backen vollständig abkühlen.

7. Schmelze währenddessen die dunkle Schokolade im Wasserbad oder in der Mikrowelle und träufle sie über die abgekühlte Hafermischung.

8. Lass die Schokolade fest werden, bevor du die Masse in Riegel oder Quadrate schneidest. Guten Appetit.

Smoothies

Ananas-Mandelmilch-Smoothie

Zubereitungszeit: 5 Minuten
Portionen: 1 Person

Zutaten:

- 100 g Ananas, frisch und ge-
  würfelt
- 150 ml Mandelmilch, unge-
  süßt
- 1 TL Chiasamen
- 1 TL Ahornsirup
- Eine Prise Muskat
- Einige Eiswürfel

Zubereitung:

1. Gib die frisch gewürfelte Ananas in den Mixer.

2. Füge die Mandelmilch hinzu.

3. Streue die Chiasamen darüber.

4. Süße den Smoothie mit einem Teelöffel Ahornsirup.

5. Eine Prise Muskat hinzufügen, um dem Smoothie eine leicht würzige Note zu geben.

6. Füge einige Eiswürfel hinzu, um deinen Smoothie kühl und erfrischend zu machen.

7. Mixe alles auf hoher Stufe, bis der Smoothie glatt und cremig ist. Gieße den Smoothie in ein großes Glas und genieße ihn. Guten Appetit.

Rhabarber-Erdbeer-Smoothie

Zubereitungszeit: 10 Minuten
Portionen: 1 Person

Zutaten:

- 100 g Rhabarber, frisch, in kleine Stücke geschnitten
- 80 g Erdbeeren, frisch, geviertelt
- 150 ml laktosefreie Milch oder ungesüßte Mandelmilch
- 1 EL Ahornsirup
- 1 TL frischer Ingwer, fein gerieben
- Ein paar Eiswürfel

Zubereitung:

1. Den Rhabarber in einem kleinen Topf mit etwas Wasser und dem Ahornsirup bei mittlerer Hitze für etwa 5 Minuten köcheln lassen, bis er weich wird. Lass den Rhabarber danach vollständig abkühlen.

2. Gib die abgekühlten Rhabarberstücke zusammen mit den Erdbeeren, der laktosefreien Milch oder Mandelmilch, dem frisch geriebenen Ingwer und den Eiswürfeln in einen Mixer.

3. Mixe alles auf hoher Stufe, bis der Smoothie cremig ist. Sollte der Smoothie zu dick sein, kannst du noch etwas laktosefreie Milch oder Mandelmilch hinzufügen, bis die gewünschte Konsistenz erreicht ist.

4. Gieße den Smoothie in ein großes Glas und genieße ihn. Guten Appetit.

Papaya-Orangen-Smoothie

Zubereitungszeit: 5 Minuten
Portionen: 1 Person

Zutaten:

- 150 g Papaya, geschält und gewürfelt
- Saft von 2 Bio-Orangen
- 1 EL Chiasamen
- 100 ml laktosefreie Milch oder ungesüßte Mandelmilch
- 1 TL frischer Ingwer, gerieben
- Eine Prise Muskat

Zubereitung:

1. Beginne damit, die Papaya zu schälen und in Würfel zu schneiden. Stelle sicher, dass die Papaya reif ist.

2. Presse den Saft der Orangen aus.

3. Gib die Papayawürfel, den frisch gepressten Orangensaft, die Chiasamen, die laktosefreie Milch oder Mandelmilch und den geriebenen Ingwer in einen Mixer.

4. Füge eine Prise Muskat hinzu.

5. Mixe alle Zutaten auf hoher Stufe, bis der Smoothie glatt und cremig ist. Die Chiasamen sorgen nicht nur für eine zusätzliche Textur, sondern auch für eine Portion Omega-3-Fettsäuren.

6. Gieße den Smoothie in ein großes Glas und genieße ihn. Guten Appetit.

Karotten-Orangen-Smoothie

Zubereitungszeit: 5 Minuten
Portionen: 1 Person

Zutaten:

- 1 mittelgroße Karotte, geschält und grob geschnitten
- Saft von 2 Bio-Orangen
- 1/2 TL frisch geriebener Ingwer
- 50 ml laktosefreie Milch oder ungesüßte Mandelmilch
- 1 TL Ahornsirup, optional
- Eine Handvoll Eiswürfel

Zubereitung:

1. Nimm die mittelgroße Karotte, schäle sie und schneide sie in grobe Stücke. Diese Karottenstücke gibst du in den Mixer.

2. Presse den Saft der Orangen aus. Der frisch gepresste Orangensaft kommt zusammen mit dem geriebenen Ingwer in den Mixer.

3. Füge die laktosefreie Milch oder die ungesüßte Mandelmilch hinzu. Wenn du deinen Smoothie ein wenig süßer magst, kannst du jetzt auch den Ahornsirup hinzufügen.

4. Gib nun eine Handvoll Eiswürfel dazu, um deinen Smoothie kühl und erfrischend zu machen.

5. Mixe alle Zutaten auf höchster Stufe, bis der Smoothie glatt und cremig ist.

6. Sobald dein Smoothie die perfekte Konsistenz erreicht hat, gieße ihn in ein großes Glas. Guten Appetit.

Brombeer-Lavendel-Smoothie

Zubereitungszeit: 5 Minuten
Portionen: 1 Person

Zutaten:

- 100 g Brombeeren, frisch und gewaschen
- 200 ml Mandelmilch, ungesüßt
- 1 TL getrocknete Lavendelblüten, essbar
- 1/2 Bio-Zitrone, nur der Saft
- 1 EL Ahornsirup
- Einige Eiswürfel

Zubereitung:

1. Gib die frischen Brombeeren zusammen mit der ungesüßten Mandelmilch in einen leistungsfähigen Mixer.

2. Füge die getrockneten Lavendelblüten hinzu. Achte darauf, dass sie essbar und damit für die Zubereitung von Speisen geeignet sind.

3. Presse den Saft der halben Zitrone aus und gib diesen zusammen mit dem Ahornsirup in den Mixer.

4. Füge einige Eiswürfel hinzu, um deinen Smoothie kühl und erfrischend zu machen.

5. Mixe alle Zutaten auf höchster Stufe, bis der Smoothie glatt und cremig ist. Sollte der Smoothie zu dick sein, kannst du ein wenig mehr Mandelmilch hinzufügen, bis die gewünschte Konsistenz erreicht ist.

6. Gieße den Smoothie in ein großes Glas und genieße ihn. Guten Appetit.

Smoothie mit Cantaloupe Melone

Zubereitungszeit: 5 Minuten
Portionen: 1 Person

Zutaten:

- 150 g Cantaloupe-Melone, gewürfelt
- 100 ml laktosefreie Milch
- 50 ml frisch gepresster Bio-Orangensaft
- 1/2 Bio-Limette, Saft ausgepresst
- 10 g Chiasamen
- 5 Blätter Minze, frisch
- 1 TL Ahornsirup
- Eiswürfel, optional

Zubereitung:

1. Die Cantaloupe-Melone in Würfel schneiden und zusammen mit der laktosefreien Milch und dem frisch gepressten Orangensaft in einen Mixer geben.

2. Den Saft einer halben Limette dazugeben. Achte darauf, dass keine Kerne in den Mixer gelangen.

3. Füge die Chiasamen und die frischen Minzblätter hinzu. Wenn du möchtest, kannst du auch ein paar Eiswürfel für eine erfrischende Kühle hinzufügen.

4. Alles für etwa 1 Minute auf höchster Stufe mixen, bis der Smoothie cremig ist.

5. Zum Schluss mit 1 TL Ahornsirup süßen und nochmals kurz durchmixen.

6. Den Smoothie in ein großes Glas gießen und genießen. Guten Appetit.

Grüntee-Smoothie mit Limette

Zubereitungszeit: 5 Minuten
Portionen: 1 Person

Zutaten:

- 200 ml kaltes Wasser
- 1 Beutel Grüntee
- 1/2 Bio-Limette, Saft und Abrieb
- 50 g gefrorene Ananasstücke
- 50 g gefrorene Erdbeeren
- 1 TL frischer Ingwer, fein gerieben
- 1 TL Ahornsirup, optional
- Einige Eiswürfel

Zubereitung:

1. Bereite zuerst den Grüntee mit 200 ml kochendem Wasser vor. Lasse den Teebeutel etwa 3 Minuten ziehen, entferne ihn dann und lasse den Tee komplett abkühlen.

2. Gib den abgekühlten Grüntee zusammen mit dem Saft und Abrieb der halben Limette, den gefrorenen Ananasstücken, den gefrorenen Erdbeeren, dem frisch geriebenen Ingwer und den Eiswürfeln in einen Mixer.

3. Falls du deinen Smoothie etwas süßer möchtest, kannst du jetzt den Ahornsirup hinzufügen.

4. Mixe alles auf höchster Stufe, bis der Smoothie cremig ist.

5. Gieße den fertigen Smoothie in ein großes Glas und genieße ihn. Guten Appetit.

Spinat-Kiwi-Smoothie

Zubereitungszeit: 5 Minuten
Portionen: 1 Person

Zutaten:

- 1 Kiwi, geschält und grob geschnitten
- 1 Handvoll Spinat, frisch
- 150 ml laktosefreie Milch
- 1 TL Chiasamen
- 1 TL Ahornsirup
- Eiswürfel nach Belieben

Zubereitung:

1. Beginne damit, die Kiwi zu schälen und grob zu schneiden. Lege sie beiseite.

2. Nimm eine Handvoll frischen Spinat und wasche ihn gründlich unter fließendem Wasser. Achte darauf, dass er wirklich sauber ist.

3. Gib die Kiwistücke, den frischen Spinat, die laktosefreie Milch und die Chiasamen in einen leistungsstarken Mixer.

4. Füge einen Teelöffel Ahornsirup hinzu. Wenn du magst, kannst du jetzt auch einige Eiswürfel hinzufügen, um deinen Smoothie kühler und erfrischender zu machen.

5. Mixe alle Zutaten auf hoher Stufe, bis der Smoothie eine gleichmäßig glatte Konsistenz hat.

6. Gieße den fertigen Smoothie in ein großes Glas und genieße ihn. Guten Appetit.

Erdbeer-Smoothie

Zubereitungszeit: 10 Minuten
Portionen: 1 Person

Zutaten:

- 150 g Erdbeeren, frisch und gewaschen
- 200 ml laktosefreie Milch oder ungesüßte Mandelmilch
- 1 EL Chiasamen
- 1 TL Ahornsirup
- Eine Prise Muskat
- 5 Eiswürfel

Zubereitung:

1. Nimm die Erdbeeren, entferne die Blätter und halbiere sie dann.

2. Gib die halbierten Erdbeeren zusammen mit der laktosefreien Milch oder der ungesüßten Mandelmilch in einen Mixer.

3. Füge nun 1 EL Chiasamen hinzu.

4. Um deinem Smoothie eine süße Note zu verleihen, gib 1 TL Ahornsirup dazu.

5. Für eine exotische Note, füge eine Prise Muskat hinzu.

6. Zum Schluss kommen die Eiswürfel dazu, um deinen Smoothie kühl und erfrischend zu machen.

7. Mixe alle Zutaten auf höchster Stufe, bis der Smoothie cremig ist.

8. Gieße den fertigen Smoothie in ein großes Glas und genieße ihn. Guten Appetit.

Grüner Detox-Smoothie

Zubereitungszeit: 5 Minuten
Portionen: 1 Person

Zutaten:

- 150 g Gurke, geschält und grob gehackt
- 100 g Spinat, frisch
- 10 g Ingwer, geschält und fein gehackt
- 150 ml laktosefreie Milch oder ungesüßte Reismilch
- 1/2 Bio-Zitrone, den Saft davon
- 1 TL Chiasamen
- 1 Handvoll Eiswürfel
- Stevia nach Geschmack, zum Süßen

Zubereitung:

1. Beginne damit, die Gurke zu schälen und grob zu hacken. Den Ingwer schälst du ebenso und hackst ihn fein.

2. Nimm nun den Spinat und wasche ihn gründlich.

3. Gib die gehackte Gurke, den Spinat und den gehackten Ingwer in deinen Mixer.

4. Presse den Saft einer halben Zitrone aus und gib diesen zusammen mit der laktosefreien Milch oder Reismilch in den Mixer.

5. Füge einen Teelöffel Chiasamen hinzu. Chiasamen sind reich an Omega-3-Fettsäuren und Ballaststoffen, die deinem Smoothie eine angenehme Textur geben.

6. Zum Schluss gib noch die Eiswürfel dazu, um deinen Smoothie kühl und erfrischend zu machen.

7. Mixe alle Zutaten auf höchster Stufe, bis der Smoothie eine gleichmäßige und cremige Konsistenz hat. Je nach Geschmack kannst du mit Stevia süßen.

8. Gieße den Smoothie in ein großes Glas und genieße ihn. Guten Appetit.

Grüner Energie-Smoothie

Zubereitungszeit: 10 Minuten
Portionen: 1 Person

Zutaten:

- 40 g Grünkohl, frisch und grob gehackt
- 30 g Spinat, frisch
- 50 g Brokkoli, in Röschen geschnitten und kurz gedämpft
- 100 g Ananas, frisch und gewürfelt
- 1/2 TL Ingwer, frisch gerieben
- 150 ml laktosefreie Milch oder ungesüßte Reismilch
- 1 EL Chiasamen
- 1 TL Ahornsirup, optional

Zubereitung:

1. Beginne damit, den Grünkohl, Spinat und Brokkoli sorgfältig zu waschen. Der Brokkoli sollte kurz gedämpft werden, damit er leichter verdaulich ist. Lass ihn danach etwas abkühlen.

2. Gib den gewaschenen Grünkohl, Spinat, die gedämpften Brokkoliröschen und die gewürfelte Ananas in einen leistungsstarken Mixer.

3. Füge den frisch geriebenen Ingwer hinzu.

4. Gieße die laktosefreie Milch oder Reismilch dazu.

5. Füge die Chiasamen hinzu.

6. Wenn du möchtest, kannst du einen Teelöffel Ahornsirup für eine leichte Süße hinzufügen.

7. Mixe alle Zutaten auf höchster Stufe, bis der Smoothie glatt und cremig ist.

8. Sobald der Smoothie die gewünschte Konsistenz erreicht hat, gieße ihn in ein großes Glas und genieße ihn. Guten Appetit.

Schlusswort

Liebe Leserin, lieber Leser,

wenn du diesen Text liest, hast du dich durch eine Vielzahl von Rezeptideen und kulinarischen Inspirationen hindurchgeblättert. Dafür möchte ich dir von Herzen danken. Ich hoffe, dass dieses Kochbuch für dich nicht nur eine Ansammlung von Rezepten, sondern auch eine Inspirationsquelle für eine bewusste und abwechslungsreiche Ernährung geworden ist.

Essen ist ein wichtiger und zentraler Teil unseres Lebens. Es versorgt uns nicht nur mit den notwendigen Nährstoffen, sondern bietet auch Gelegenheit für Gemeinschaft, Kreativität und Genuss. Deshalb ist es mir wichtig gewesen, Rezepte zusammenzustellen, die nicht nur gut für den Körper, sondern auch für die Seele sind. Ich hoffe, dass die Gerichte, die du aus diesem Buch zubereitest, sowohl deinen Geschmack als auch dein Wohlbefinden bereichern.

In diesem Sinne: Guten Appetit und viel Spaß beim Nachkochen der Rezepte. Und vergiss nicht, es warten noch viele weitere Rezepte darauf, von dir entdeckt zu werden.

Impressum

Copyright © 2024 – Vanessa Zimmermann
Verlagslabel: KochKreationX

c/o COCENTER
Koppoldstr. 1
86551 Aichach

Dieses Buch wurde mit der Unterstützung von KI erstellt.

ISBN Taschenbuch: 978-3-384-22558-0
ISBN Hardcover: 978-3-384-22559-7
ISBN E-Book: 978-3-384-22560-3

Druck und Distribution im Auftrag des Autors/der Autorin:
tredition GmbH, Heinz-Beusen-Stieg 5, 22926 Ahrensburg, Deutschland